初めて
リーダーになった
あなたへ

中沢 薫

すばる舎リンケージ

はじめに

本書を手に取っていただき、ありがとうございます。

リーダーとして、がむしゃらにがんばって、部下やメンバーを引っ張り続けなくてはいけない、自分もチームも成果を上げて、会社に認められなくてはいけない、人望も大事だと聞くし、何よりなめられてはいけないし、育てなくてはいけないし……。

本書を手に取ってくださったということは、あなたはいま、上司、リーダーとしてきっと悩みを抱えているのでしょう。

初めての「役職」で肩に力が入るのも無理はありませんし、がんばろうと熱く燃えるのもおおいに結構だと私は思います。

ですが、いくら大志を胸に抱いても、完璧なリーダー像を追い求めても、あなたの理想どおりにことが運ばないという局面は多くあるはずです。

そんなときは、少しだけ本書で目先を変えてみてください。

ここには、私が培った経験をベースに「強く引っ張るリーダー像」とは違ったやり方でうまくチームをまとめるためのエッセンスが詰まっています。

読み終わった後に、きっと「チームメンバーが働きやすい環境を作るだけでもいいんだ」とか「無理をして引っ張って行こうとしなくてもいいんだ」ということがご理解いただけるように思います。

本書で、リーダーの役割に対する考え方をシフトチェンジして、あなたの眉間のシワが、笑顔に変わっていっていただけたら嬉しいです。

ところで、あなたは、

「新人を早く一人前に育てて、チームの戦力として活躍してほしい」

「テキパキと仕事をこなして、できるリーダーの評価がほしい」

「モチベーションが高い最高のチームのリーダーとして活躍したい」

「成績を上げて、収入をアップさせたい」

「チーム全体がいつも活気に溢れるようなリーダーシップを発揮したい」など、

リーダーとしての思いがどれくらいありますか？

ですが、多くのリーダーは「その思い」の後に、「……けれど」という言葉がついてくるものです。

「新人を早く一人前に育てて、チームの戦力として活躍してほしい。けれど、ぶっちゃけ、育成方法がよくわからない」

「テキパキと仕事をこなして、できるリーダーの評価がほしい。けれど、リーダーになったら、自分の仕事がうまくコントロールできなくなった」

「モチベーションが高い最高のチームのリーダーとして活躍したい。けれど、社内の雰囲気が悪い」

「成績を上げて、収入をアップさせたい。けれど、そもそも成果が上がらなくて四苦八苦している」

「チーム全体がいつも活気に溢れるようなリーダーシップを発揮したい。けれど、リーダーシップを発揮できる状況ではない」

リーダーなんてやってられない！　と心の中で思う瞬間が少なくないはずです。そんなとき、本書の気になるところをパラパラと読んでみてください。

きっと気持ちが楽になるはずです。

失敗し、つまずきながらも、誰にも相談できずに一人悩みながらも、毎日の業務に追われている「あなた」に向けて、実例を踏まえたエッセンスを伝えるのが本書の役割です。

うまくいかない原因は、あなたの能力が足りないせいではありません。

がんばろうという「気負いすぎる気持ち」にあるのかもしれません。

私自身が経験してきたことだから、わかります。

遅くなりましたが、自己紹介を簡単にさせていただきます。

私はコーチング歴24年、関わったクライアントは、5100名以上、2016年現在、関わったチームの総売上2兆8000億円（更新中）の中沢薫と申します。

私のキャリアのスタートは法律書の「ぎょうせい」編集部でした。そこでもたくさんの経験を積ませていただきましたが、もう一皮むけたいと願い、住友生命管理職養成部に入社。営業職・教育トレーナーを経た後、支部長として営業職員の採用・教育、組織運営、チームの売上の仕掛け作りに携わりました。同時に、多くの女性を安定的に成果が出るFP（個人事業主）として成功へと導き、結果を出してきています。

住友生命退職後は、人材紹介・ヘッドハンターとして、人間力を最大限に引き出すマネジメントを行い、中途採用をしていない会社（NHK・トキタ種苗など）に中途採用者を送り込んできました。

現在はOffice K代表として、企業コンサル、コーチング、セミナー講師として活動しております。

基礎になっているのが、30歳から44歳までの14年間、住友生命での支部長経験です。そこで、リーダーにならないとわからないこと（楽しいこと・辛いこと・嬉しいこと・理不尽なこと）をたくさん経験してきました。で、今があります。決して良いことばかりではありませんが、人生を生きて行く上で、とても役に立つ経験だったと思っています。

たくさんの方に、リーダー職、上司という肩書を持つ組織人としての楽しみや成長の喜びを知っていただきたく本書を執筆しています。

本書があなたのお役に立つことができれば、著者としては望外の喜びです。

どうぞ、肩の力を抜いて気になったページよりお読みください。

２０１６年６月　吉日

中沢　薫

初めてリーダーになったあなたへ　もくじ

はじめに　2

第1章　初めて部下を持ったリーダーが直面すること

1　**「主役」なはずが何か違う**　14
2　**指示が伝わらない！**　19
3　**自分のデスクでゆっくり仕事ができない！**　24
4　**依怙贔屓したくなる**　29
5　**「調整役」と言われても**　34

第2章 部下を持った瞬間から変わりなさい

6 部下がいるから「上司」でいられる 40

7 空気を整えるのも仕事のうち 44

8 がんばるのをやめれば自然と部下が前に出る 49

9 同じ空気を味わうコツ 53

10 カッとときても一呼吸置いて話を聴く 58

11 部下のスキルを伸ばそうと思わなくていい 62

第3章 部下に対する心構え

12 上司は、部下のしもべ 68

13 必要に応じて利益を度外視することも大切 73

14 信頼関係を侮らない 78
15 部下が大切にしていることを知る 83
16 部下の言動に問題があると思ったら 87
17 部下に完璧を求めない 92
18 自分が嫌な仕事をさせない 94

第4章 部下の気持ちをつかむ

19 仕事の先にある「楽しみ」を共有する 100
20 お互いの価値観を交換し合う 105
21 会社の理念と部下の夢や希望の共通点を伝える 109
22 部下のパーソナルブランドを引き出す 114
23 部下の成長を徹底的に応援する 119

24 とにかく聴いて・微笑み・頷く 124

第5章 部下が勝手に育つコツ

25 ただ、見守るだけでOK 130
26 部下の「やる気」を育てればいい 135
27 期限つきの目標を共に持つ 138
28 部下が下した決定は一旦、丸ごと受け入れる 142

第6章 部下のおかげであなたも育つ

29 がんばりすぎない、見栄・意地を張らない 148
30 挨拶はリーダーから 152

31 相手が喜ぶ感謝の仕方を習得する 156
32 部下と一緒に笑う 160
33 余計なプライドは持たない 164
34 主語を相手にして話す 168
35 あなたの自立は、部下も自立につながる 173
36 自分も周りも幸せに 178
37 結果はプロセスも含めすべて受け入れる 183
おわりに 187

装幀　川島進デザイン室

第1章

初めて部下を持ったリーダーが直面すること

1

「主役」なはずが何か違う

立ち位置が変わったことを、しっかりと認識する

会社から任命を受け、リーダーになって、しっかりと部下を教育して、早く独り立ちできるように指導するぞ！　と、やる気満々で日々、悪戦苦闘をしているのに、振り返ったら、気づくと誰もついてきてくれていない。

なぜか、自分だけ浮いている。

上司は、自分の働きぶりに満足しているようだけど、自分自身はどうしてだか心から喜べない……。

そんな「空回り感」にやる気を削がれることもあるかと思います。

明確な原因や理由があるわけでもないのに、やけに不安を感じるとき……。

その心のモヤモヤの原因はきっと、「まだ、主役の座を部下やメンバーに譲れていない」からです。

「主役を譲れていない」ということの説明の前に、少しだけ私の経験を聞いてください。

私が、住友生命でチームリーダーになりたての頃のこと、こんなことがありました。

上司「中沢さん、成績好調だね！」

私「ありがとうございます」

上司「期待しているよ！」

私「はい、ありがとうございます！」

私は、チームの代表として、張り切って挨拶しました。

上司が離れた後、そばにいた新人同士がそっと目配せをしているのを見て、何となく不安な気持ちに襲われました。

後に、こんな言葉を部下たちから聞き、そのときの不安の原因を知ることになります。

「上の人は、結局私たち下っ端のがんばりは、見てくれてないよね……」

「また、中沢さんが成果を独り占めするの？」

「自分だけ目立って嬉しそうだったよね～」

それを知ったときの驚きと、深い悲しみは、忘れられません。

いままで以上にがんばっているのに、なぜわかってもらえないのか、部下のためにと考えているのに……。

「なんで？　どうして？　なんだかやってられないな～」

そんなふうに思うこと、ありますよね。

あなたがそう思うのも、当然です。

本当に、やってられないですよね。

そんなときは、一息ついて、現状をじっくり俯瞰してみてください。

何か、気づいたことはありませんか？

そうです。

もうあなたは、好むと好まざると「上司」または「リーダー」という役職に就いています。いままでとは、置かれた環境が違っているのです。

上司になるまでは、あなたがあなたの物語の主役でした。

でもそれは、先輩や上司があなたを「主役」にしてくれていたおかげなのです。

上司やリーダーになったら、今度は誰かを「主役」にする番です。

潔く「主役」の座を後輩や部下に明け渡して、「脇役」「引き立て役」に徹してみてください。

そうすれば、「なんで？　どうして？」と思うことも格段に減っていきます。

まだ主役の座を明け渡したくない？

できることなら、職場以外で主役になれる場所を見つけてみてください。あなたにとって大切なのは、会社や仕事だけではありません。

そんな場所を探しましょう。

現場の主役のバトンは部下に渡して、あなたは、広い視野で仕事と職場を見てください。

上司・リーダーになったら、「主役」ではなく「脇役」に徹すること

あなたがその役回りを引き受けることで、チームがうまく回り始める

2 指示が伝わらない！

伝え方も大事だけれど、「回数」も大事

「どうしていつもそうなるかな？　時間をかけて話もしたし、〝わかりました〟って言ったはず。もう、勘弁してほしい……」。

あなたの、誰にも言えないグチが聞こえてきそうです。

上司やリーダーである誰しもが一度や二度ならず思うことでしょう。だから、慌てなくてもいいのです。

あなたは、部下にどうしてほしかったのでしょうか。部下にどんな結果を出してほしかったのでしょうか。

私が、新人教育トレーナーとして、6人のチーム運営をしていた頃の悩みは、各人の結果がバラバラで、中には行動すらできない新人がいたことです。

その当時、自分がしていたことを振り返るとこんな具合でした。

・一回の説明で理解してもらいたかったので、長い時間をかけて一生懸命に熱く説明をしていた
・新人のためになると考え、あれもこれもと、先回りして指示していた
・とにかく、新人にがんばれと声を掛けていた
・チーム全体の成果を見るのではなく、個々人のできていない所を指摘していた

部下のためにと、本当に一生懸命取り組んでいるつもりでした。その結果は、空回り続きで、ついたあだ名は、鬼軍曹……。

当時、私と部下の間では、こんなやりとりが日常でした。

私「おかえり（がんばって笑顔を心掛けながら）。今日はどうだった？」
部下「ただいま戻りました。今日ですか？　いつもと同じです」
私「そうじゃなくて、今日の活動で良かったことあるでしょう？　それを話してほしいんだけどな（眉間にシワが寄ってしまいそうなのをグッとがまん）」
部下「良かったこと？　良かったこと、ですか……」
私「ん？　じゃあ、困ったことはなかったの？」
部下「困ったことというか、どうしていいのかわからないことはあったかも……」
私「あ〜、それって前にも話したよね？　まだわかってないわけ？」
部下「内容はわかっているんですが……」
私「え、じゃあ、何がわかってないわけ？（もう穏やかな表情を意識することすら忘れてしまっている）」
部下「……」

良かれと思って積極的に声掛けをしていたのですが、この声掛けそのものが、部下に恐怖感を与えていたようです。

これでは、チーム運営がうまくいくはずありません。

人に動いてもらいたいなら、

①どんな結果を出してほしいか
②そのためにはどんな第一歩が必要なのか
③どうしたら無理なく第一歩を踏み出せるのか

を相手に合わせた言葉で根気よく何度でも話すことが、結局は一番の近道です。

とくに、複数のメンバーを預かっているならば、メンバーの性格や能力、進捗状況ごとに合わせた指導が必要です。

わかっています、それがとても大変なことなのは。

説明や指導が一度に済ませられるなら、一度で済ませたいものです。でも、それでは全員の力を引き出すことは難しく、できる部下からも「鬼」呼ばわりされてしまうかもしれません。

もちろん「鬼」呼ばわりされても、全然構わなければ、自信を持って鬼街道を突き進んでみてください。壁に突き当たったら、ちょっとここに書かれていたことを思い出すといいかもしれません。

スムーズな業務進行には、部下が理解して自主的に動けるようになるまで、何度でも伝えることが大切です。

一回で指示が伝わるわけがない、と気楽に構えてしまいましょう。

指示は一度では伝わるはずがない
そう思ったほうが、上司も部下もお互い気が楽になる

3 自分のデスクでゆっくり仕事ができない！

プレイングマネジャーの仕事

あなたは、スケジュール管理に手帳を使っていますか？　それともスマートフォン？　グーグル？　グループウェア？

きっとあなたは「上司」になった途端、仕事が増えたように感じていることでしょう。

たとえば、部下との打ち合わせ・振り返り。他部署とのすり合わせ・調整事項確認ミーティング。上司との打ち合わせ・報告・ミーティング・反省会。自分に直接関係ない社内会議・その後のミーティング・報告会議。部下の取引先への挨拶回り……。

昨今、「上司」といってもマネジメント業務に特化している人はごく一部で、ほとんどの人は自分の仕事もあるプレイングマネジャーでしょう。

自分の仕事はいつやればいいのか。自分の業務以外の予定が満載で、やってられない……。

上司になりたてで、新しいフェーズの時間管理に慣れていないあなたの嘆き、わかります。でも大丈夫、きっとすぐに慣れるはずです。会社は、それも見込んであなたを上司にしたわけですから。

ただ、たとえ時間管理に慣れたとしても、気をつけなくてはいけないことがあります。

私が、部下指導を始めた頃、先輩上司によく言われたことがありました。

それは、「上司になったら、自席にいては仕事にならない」ということでした。

いまならその言葉の意味がわかりますが、当時はわからなくて、戸惑いました。

当時の私は部下の帰りを待って、声を掛けて、振り返りをするのも仕事のうちでした。部下がいないときに、自分の業務を済ませるものと思っていました。

とにかく新しいフェーズの時間管理で仕事を片づけながら、我ながらうまく回せていると感じていたあるときのことです。帰ってきた部下と今日の出来事を振り返っている最中にこんなことを言われました。

部下「どうして、いつも呼びつけるのですか？」

私「ん？　どういうこと？」

部下「中沢さんは、自分の席から〇〇さ～んと言って、いつも私を呼びつけている」

私「………そうだね。私の席に来てもらってるかも」

こんなことは、当たり前のことで、きっとあなたの職場でも日常的に目にする光景でしょう。

ですが、「なぜ、呼びつけるのか？」という部下の言葉が気になって、自分のことを思い返してみました。

そういえば、私も上司に呼ばれることを面倒だと感じていた時期があった、そのときは、成績も良く、呼びつけられる必要なんてないと考えていたことを思い出しました。

私と部下のそんなやりとりの後に、新たに就任してきた上司は、「お疲れ様」と、歩み寄って来られる方でした。歩み寄って来られると、話さなくてもいいような些細なことまで報告している自分に気づきました。

しばらくすると、チーム各人の動きが早く、問題が起きてもスムーズに対処でき、面倒くさいことが減り、結果、チームの成績がグンとアップしたのです。

このとき、初めて「上司は自席にいては仕事にならない」という言葉の意味が本当にわかった気がして積極的に自席から離れて部下の所へ行くようにしてみました。

部下を思う気持ちや、成長して自立してほしいと思う気持ちは同じですが、関わり方で関係性が変わり、パフォーマンスも上がることを実感したものです。当然、自分自身の仕事も楽になっていきました。

あなたも、お気づきかと思いますが、上司のメイン業務は、部下が社内外で、気持ち良く能力を発揮できるように環境整備をすることです。そうすることで、自分自身の仕事もはかどるようになります。

部下が安心して動けるための環境整備が上司のメイン業務です。

自分のデスクでゆっくり仕事をすることは、いっそのこと諦めてしまったほうがいいかもしれません。

部下と話をする必要が「あなた」にあるなら あなたから席を立って話をしに行くべき

4 依怙贔屓したくなる

「好き嫌い」を乗り越えるために

上司やリーダーといえども人間ですから、気の合う人・気が合わない人、普通にいると思います。

さて、あなたの近くに、わかりやすい上司はいませんか？

「依怙贔屓《えこひいき》なんて、してないよ」

確かに、その上司は、依怙贔屓などしているつもりはないのでしょうが、周りから見るとやっぱりちょっと……、あれはないよね、と感じることがありませんか？

人の振り見て、我が振り直せ。もし、そんな人が近くにいたら、ラッキーです。反面教師にしてください。

私の嫌な思い出についてお話させていただきましょう。

入社、間もない頃のことです。踏切事故の影響で電車が長時間運休し、大勢の社員が遅刻を余儀なくされたことがありました。

朝礼中に、続々と社員が一礼して職場に入ってきます。

私は朝当番で、少し早めに出社していたので、最初から朝礼に参加していたのですが、だんだん話をしている上司の顔が強張っていくのがわかりました。

きっと、話している最中に社員が入ってくるのが、面白くなかったのでしょう。

話をしている上司は、「それにしても、どうしてこんなに遅刻者が多いんだ！」と遅刻者の一人に向かって怒鳴りました。

その場は、シーンとして、何とも言えない雰囲気になり、その社員は、その場で固まっています。

とそこに、上司のお気に入りの社員が遅刻して出社。場の異常さに気づき、朝礼の輪の中に入って来られません。中に入って来られない社員に気づいたその上司は、「〇〇君、早く入って来なさい。踏切事故で大変だったね。ご苦労さん」と、声を掛けたのです。

そのときの上司の一声に、一同、どん引きしました。

一番困っていたのは、声を掛けられたその社員です。間もなくしてその社員は、退職しました。

きっと、わかりやすい依怙贔屓に居心地が悪かったのでしょう。

その後も相変わらず、その上司の言動を迷惑がっている部下も少なくありませんでした。

このような状況は、当事者もそうでない人も、不愉快です。

とばっちりを食わないよう、そんな上司には、関わらないようにしよう、そう思わざるを得ません。

でも、あなた自身は大丈夫ですか？

気が合うとか気が合わないとか、好き嫌いがあることは仕方がないことかもしれません。

ですが、会社から「上司」として指名されたあなたは、この感情をコントロールしなくてはなりません。

それでも、なかなか難しい……。

コントロールするコツの一つは、出来事に対して「感情」で捉えるのではなく「思考」で捉えることです。

営利組織で働いているのですから、最優先されるべきことは「利益」です。役職者であるあなたには、「利益」を確保することが課されていることでしょう。

冷静に考えてみてください。「利益」を出すためには、メンバーのことを好きだとか嫌いだとか言っている場合ではないことがわかるはずです。

もしかしたら効率的に「利益」を生み出すメンバーのことが好きで、「利益」を生み出さないメンバーのことが嫌いといったこともあるでしょう。

だからといって、利益を出すメンバーを依怙贔屓したらどうなると思いますか？

ただでさえ利益を出さないメンバーが面白いはずがありません。モチベーションはどんどん下がり、ますます利益を生み出せなくなってしまうことでしょう。

一人の人が稼ぎ出す利益よりも、チームで上げる利益のほうが大きくなるものです。一人の稼ぎ手だけをかわいがるのではなく、全員のモチベーションを高く維持するほうが、あなた自身の評価や成果も上がります。

つい、あからさまな依怙贔屓をしてしまいそうになったら、冷静に「チームで売り上げたほうが利益が大きく、自分の成果にもつながる」ことを思い出してください。

ですが、感情はときに大きなエネルギー源にもなるものです。あなたの豊かな感情は、メンバーと、共に喜び、共に苦しみ、共に協力・感謝し合い、わかり合うための源として大切にしてください。

優先すべきはあなた個人の好き嫌いではなく利益であることを忘れずに

5 「調整役」と言われても

上司の仕事=調整役とは、社内外の面倒を回避すること

ところで、こんなとき、あなただったらどうしますか?

あなたのチームが、社内で大きなプロジェクトの中心として選ばれました。とても嬉しく、ワクワクしているのですが、チーム内が騒めいています。仲間同士で仕事の割り振りに関して議論しているのです。

Aさん「今度のプロジェクト楽しみだね!」

Bさん「そうだね、私ががんばって○○の企画を考えるから安心して!」

Ｃさん「ちょっと待って、それは、みんなで考えようよ」
Ｂさん「何を言ってるのよ。企画は、私が考えるから大丈夫よ」
Ａさん「そんなこと……、チームに任されたプロジェクトだよ」
Ｂさん「社内企画は私のほうがたくさん通っているから、やっぱり私でしょ！」
Ｃさん「それもそうだけど……」
Ｂさん「でしょう！　だったら黙って任せてよ。後のことは、みんなに任せるから！」

さあ、あなたはどうしますか？

「Ｂさんは、成績はいいけど、本当にわがままで、協調性に欠ける……。成績を上げていたら、何でもできるのかといったら、それは、違うんじゃないかな……」
「チームはまとまらないけど、Ｂさんに企画を任せたら、プロジェクトは成功するだろうな……」
悩ましいものですね。

こんなとき、あなたは、何をすべきでしょうか？

ズバリ、チーム内の役割分担を決めていくことに注力してください。

仲間同士で、互いの能力を認め合う場を提供するのです。ゴールは、「プロジェクトの成功」です。

そのゴールに向かって意見を出し合い、認め合っていくと、自然と役割分担が発生してきます。

最初は、すったもんだして大変かもしれませんが、上司のあなたがゴールへ向かって進んでいくことにフォーカスして、チームを信じることも大切です。

要するに、あなたは「私が、俺が」と前に出たがる人と、そうでない人との間に入り、調整をするのが仕事となります。

やる気になっている仕事のできる部下のモチベーションを下げることなく、チームワークの力を最大限発揮させてゴールに導く。

言葉で言うのは簡単かもしれませんが、気も遣いますし、神経もすり減らしてしまう役回りです。

でも、つねに「ゴールは何か」を見据えておけば大丈夫。自信を持って「調整」してください。

わがままBさんを野放しにするだけの上司でいいのか、チームワークを大事にするのか。

あなたはどちらの上司になりたいですか？

少数のスター育成より、チームマネジメントで成果を上げたほうが効率はグッと良くなるものです。

ここで例に挙げたのはチーム内での調整ですが、実際あなたの仕事はチーム内だけにはとどまりません。

すでに実感している方も多いかもしれませんが、チーム内の調整に加えて、社内の他部署や経営層との調整もあなたの仕事の一つです。人によっては社外の取引先との調整も必要な方がいるかもしれませんね。

社内外をどう泳ぐのかは、所属企業の体質や規模によって違うでしょう。ですが、どんな組織においても言えることがあります。「他人の悪口を言う人は信用されない」ということです。悪口を言うと、いざというときに、あなたを信用してくれる人が格段に減ってしまい、簡単な調整もスムーズにいかなくなる可能性が出てきてしまいます。あなたが誰かに、悪口を聞かされているとします。きっとあなたは、その場では相手に合わせてウンウンうなずきながらも、「この人、私のことも他では悪く言うんだろうな」と思いませんか？

チームのメンバーに、他部署や経営層の悪口を吹き込むなんてもってのほかですが、他部署や経営層に向かって社内外の人の悪口を言ってもいけません。

チーム内、他部署、経営層、ときには社外の取引先とも調整が必要なあなたは、「悪口は決して言わない」と心得て動くようにしてみてください。その積み重ねで、調整上手になれるはずです。

調整役は社内外の面倒を避けること
日頃から敵を作らない姿勢がいざというとき、ものを言う

第2章

部下を持った瞬間から変わりなさい

6

部下がいるから「上司」でいられる

上司・リーダーでいることを「当たり前」と思わず感謝する

「部下がいるから上司でいられる」。きっと当たり前のことだと思いますよね。

では、もう一歩踏み込んで、そのことを部下に感謝し、言葉でしっかりと伝えていますか？

あなたは、「感謝」という言葉をどう解釈しているでしょうか。

国語辞典には、「心に深く感じて言葉を発する」「ありがたいと思う気持ちを表す」こと、反対語は「当たり前」とあります。

この「当たり前」という気持ちは、要注意です。

先日、地下鉄で、スーツ姿の男性の集団が「俺たち部下は、上司を選べないからさ～」と大きな声でグチを言っているのが耳に入りました。内容は、上司が自分のできないことを平気で部下に振って、きちんと指示を出すわけでもなく無理難題を威圧的にやらされていると、というものでした。グチがだんだんと上司の悪口になってきて、その集団は、やけに盛り上がっていました。

ふと、24年前、住友生命に入社して間もない頃、「人の悪口を言う人って、どんな人だと思うか？」という課題を解決できない私に、「人の悪口を言う人は、感謝の仕方が下手なだけ」と教えてくれた研修でとてもお世話になった上司の話を思い出しました。

「つねに、ありがたいという気持ちがあれば、人を悪く思ったりしないはず。その気持ちとして〝ありがとう〟と言うだけなら、こんな便利で簡単な言葉は他にない。

中沢さんの〝ありがとう〟は、心からの〝ありがとう〟だと言えるか？

〝感謝〟という字は〝感じて、謝る〟と書く。つまり、自分の愚かさや、相手に手間や気遣いをさせてしまったことなどに気づき、頭を下げることだから、自己反省の気持ちがなければ感謝の気持ちが湧いてこない」という内容でした。

私は、ただただ、頷いていただけだったように思います。

さらに、その上司は、人の悪口ではなく、自分の悪口が言える人になってほしい、と教えてくれたのです。

私には「自分の悪口」という考え方はなかったので、とても驚きました。

自分に対して悪口を言う。

言葉そのままではなく、自分の悪いところに敏感になりなさい、ということです。辛いことを言われたとしても、自分が痛い目に遭う前に伝えてもらえたので、「ありがとうございます」という感謝が必要だと。

私から、あなたに質問です。

「人の悪口を言う人と言わない人って、何が違うと思いますか？」

「言う人と言わない人では、仕事のうまくいき具合はどうですか？」

誰だって、人の悪口を聞くのはいい気持ちがしないものです。結局、人の悪口を言う人からは、人は離れていきます。


部下がいるから、あなたは、上司でいられます。部下の悪口なんてもってのほかです。部下はあなたを映す鏡です。もし、小言の一つでも言いたくなったとしたら、口からふっと出てしまう前に、自分自身について振り返ってみてください。そして、自分自身の言動に誤りを発見できたなら、それは、部下に感謝すべきことです。

ぜひ、日頃から感謝の気持ちを口にして言葉で伝えるようにしてみてください。

部下の悪口を言う前に、自分の悪いところに敏感になる

7 空気を整えることも仕事のうち

悪い空気はモチベーションを下げるだけ。悪い空気を払拭する

上司、リーダーであるあなたに課された職務はたくさんあると思います。

利益を最大化すること。直接利益を生む部署でなければ、社内のあらゆる仕事がより円滑に進むためにきっちりと仕事をこなすこと。

そして、チームの責任者として預かったメンバーを戦力として育て上げること。さらには、チーム全体で利益を出したり仕事を効率化すること。

人によって様々かと思いますが、真っ先に意識してほしいのは「チームの空気をいい方向に整える」でしょうか。

雰囲気の良い職場、誰も疎外感を抱かない職場であれば、自然とモチベーションも上がるものです。

逆に、あなたが最もしてはならないことは、メンバーのモチベーションを下げることです。職種や社風、メンバーによってどんな雰囲気がいいかはそれぞれですが、最低限、「こんなことをしたらモチベーションが下がる」ということは早めにつかんでおいてほしいものです。

住友生命では、年に４回、重要月という営業強化月間があります。モチベーションが上がったり下がったりするような事件が多く発生するのは、重要月が多かったように思います。

保険の営業職員は、朝礼に参加した後、それぞれのアポイントメント先に出かけます。基本的に朝礼は全員参加で行うのですが、ある重要月のこと。アポのため、朝礼に出ずお客様先への直行が続いていた営業職員が、10日振りにニコニコして出勤してきた途端、支部内に異様な雰囲気が漂ってきたことがありました。

いつもいないはずの人が元気良くニコニコしている、契約をいただけたに違いない……。険悪な無言の空気が漂い始めました。この空気をキャッチした職員の行動がソワソワし、小言が始まりました。

「支部長、今日の朝礼、早く終わらせてください」「あれ？　いつもいない人がいる」「契約いただけたんじゃない？」「でもさ、契約いただければ朝礼出なくていいの？」「なんで、彼女だけ特別なの？」「なになにどうしたの？」「成果発表、長くなるよね」……。メンバーのモチベーションが下がっていくのが肌でわかりました。

「はい！　時間です。朝礼、始めます」当番の掛け声で朝礼が始まりました。

事前に報告をもらった前日の成果をホワイトボードに書き、契約の経緯を共有し讃え合う。生命保険会社の朝礼時の儀式です。しかし、今朝は……。

このままだと、支部はバラバラになってしまうかもしれない、でも、全員の成果発表をしないわけにもいかないし、かといって一人だけ発表させないわけにもいかないし……。

結局何をしてもダメなら、支部長である私の思いを伝えるしかない、と腹が据わった直後に、「では支部長、成果発表お願いします！」と、当番から振られました。グッドタイミングでした。

「重要月、楽しんでいますか〜？」予想外の私の発言に一同ビックリしていました。そもそも、プレッシャーがきつい時期ですし、楽しめるはずなどありません。

「今月は、先月までの刈り取りと来月以降の種まきの月です。で、さらに重要月。無理なくお客様とのタイミングをはかれていますか？　自分本位のプレゼンになっていませんか？　やるべきことをきちんと進めていますか？　自分に嘘はないですか？　立場が変わっても心から目の前の人と喜びを分かち合える？　自分に正直ですか？」

最近、朝礼に出てこない成績優秀者に向けて言ってみたつもりでした。本来は参加しなくてはならない朝礼に出ないことに対して、彼女がどういう気持ちでいたのかを知りたかったということもあります。

するど、例のいつも朝礼に出ていなかった営業職員が、立ち上がりました。

「申し訳ありませんでした。自分のことばかり考えていて恥ずかしいです」と頭を下げてくれました。

それを見た他のメンバーの邪悪な空気がスーと溶けていくのがわかりました。

その場の空気を正常に整えることができれば、上司として上出来です。

上司になりたてでは、思うようにいかないこともあるかもしれません。

ですが、いつでも「いまの空気はどうか」を気にして、どうしたら空気が悪くなるのか、良くなるのかを観察することをおすすめします。

一人ひとりの状態に目を配りながら、空気を変える工夫を

8 がんばるのをやめれば自然と部下が前に出る

上司・リーダーはしゃしゃり出ない

あなたが部下を紹介するとき、どんなふうにしていますか。

最近の異業種交流会では、上司と部下のペア参加をよく見かけます。

だいたいのペアは、上司が先頭切って、

「私、○○会社、第一営業部部長の○○太郎です（名刺交換）。御社様は、どのような事業をされている企業様ですか？（相手の話もそこそこで）」

そばでこっそり聞いていると、「ところで御社は何を……」と振られると、上司が「はい、弊社はですね……（やっと聞いてくれました。と言わんばかりの自社の宣伝！）」延々とご自身の話しをしています。その間、部下はやたらニコニコ頷いているだけで、お相手の方が、チラッと目線を送るものの話に入れず、やはりニコニコと頷いています。そして、思い切り自社宣伝をした、最後の最後で、「ほら、早く名刺交換して！　新人なんです、大人しくてね～」と同行の新人に声を掛けるのです。

ですが、主導権は上司が握ったまま、「では、今後ともよろしくお願いいたします」と一緒に頭を下げて、次の名刺交換相手へペアで向かって行くパターンが多いように思います。

男性同士のペアだからでしょうか？　部下は大人しく服従していて不思議な光景です。女性同士のペアなら、また違うのかもしれません。

異業種交流会に参加して名刺交換をする目的は何でしょう？

①自社の宣伝のための参加

②新しい取引先拡大のための参加
③新人研修の一環（新人の挨拶回り）として参加
④上司の取引先の付き合いで何となく参加
⑤………他には、いかがでしょうか？

新人とペアで参加している目的は何だと思いますか？
①きっと、異業種交流会を新人に経験させるためのはず……
②きっと、実践的な挨拶で、自信をつけさせるためのはず……
③きっと、会社の代表であるという自覚をさせたいはず……
上司の一生懸命さが裏目に出ると、部下の思考は停止してしまいます。


さて、あなたは、いかがでしょう？　異業種交流会で、新人同行をしたことがありますか？　あれば、そのときのことを思い出してみてください。

そして、想像してみてください。

部下が積極的に、自社の代表であるという自覚のもと、新しい取引先獲得のためのご縁作りを、楽しく積極的な話法で、行動・活動していたら……。

何よりそんな新人を育成した上司であるあなたの評判がより一層高くなります。

自分が見本になろうと部下を引っ張っても、目立つのは結局あなただけです。

あなたが支える側になれば、新人に主役の意識が自然と芽生えるものです。すると自然に、そんな新人の姿が誇らしく思えてきませんか？


極端な話、あなたががんばる必要はありません。

部下にがんばってもらって、あなたは一歩下がったところで見守っていましょう。

そんなあなたの姿を見たら、きっと部下は自然と自発的に動いてくれるようになると思いますよ。


頼りない上司を演じてみるのも、部下育成の一策かもしれない

9 同じ空気を味わうコツ

飲みニュケーションだけではない距離の縮め方

部下やメンバーが嫌がらなければの話ですが、ときにはプライベートでの楽しみを一緒に体験してみると思わぬ効用があることがあります。

おすすめは、コンサートなど音楽鑑賞や、スポーツ観戦。なぜこれらがおすすめなのかは、後でお伝えします。

私は、どちらかというと、部下の趣味にまで干渉する気はないほうでした。

ところが、あるとき、ファンクラブに入会してもなかなかチケットが取れないと言われる福山雅治さんのコンサートに、部下つながりで、代々木体育館に見に行くことになったのです。

コンサート開始30分前に部下と現地集合だったと思います。その周辺は長蛇の列で、異様な雰囲気でしたが、年齢の高い方も多くいらして、安心したのを覚えています。人間は、不思議な生き物ですね。私自身、決して福山雅治さんの大ファンでなかったのに、コンサートが始まると、会場と一体になり、本当に最高の経験でした。隣の部下との距離も一気に縮まったように思います。

行きは、現地集合でしたが、帰りはいろいろと話をしながら、最寄りの駅まで一緒に帰りました。道中、会話が弾んで止まりません。

コンサート後は、職場でもオープンにそのときの興奮を一緒に語ったものです。以降、その部下とのコミュニケーションで悩むことが激減しました。

それまでは、部下との心理的な距離を縮めるための方法論ばかりに気持ちが向かっていて、部下一人ひとりの本質に目を向けていなかったように思います。

多くの時間をコミュニケーション能力向上のために、本を読み、研修を受け、手探りで型にはめながら日々実践しては、落ち込んで、さらに勉強して実践し……と、繰り返しです。この経験は、大きな財産で、いまの基礎になっていますが、修行僧のように苦しい時期でもありました。

部下を尊重し、私も一緒に楽しい時間と空間を共有することによって、お互いが共鳴し合えることが、たった一度のコンサートでわかりました。さらに、そのように生まれた一体感は、たいして時間をかけなくても信頼感に変容していくことが体感できたのです。

あなたにも、同じような経験は、ありませんか？

上司と部下との関係でなくても、何か共通の趣味を通じて距離感がグッと近づいたようなことが。

もし、経験があるのなら、ぜひ仕事にも活かしてみてください。

私は、長いこと、部下をコントロールしようとしていた気がします。その手段が「ほめる」ということだったと思っています。でも、コントロールしようとしてほめられたところで、誰も嬉しくありません。そんなことよりも、些細なことでもいいから、感動を共有したほうがよほど早い。

仕事で感動できるのがベストですが、この際、手段は何でもいいんです。コンサートでも、趣味でも。

言葉だけでは、伝わりにくいことも同じ空気感に触れていると、言葉がなくても通じ合えるものです。ぜひ、小さいことから試してみてください。

なぜコンサートやスポーツ観戦なのか。

福山雅治さんのコンサートに一緒に行った部下が本書を読んだら怒られそうですが、はっきり言うと「コストパフォーマンスがいい」のです。

かかる時間とお金の割には収穫が大きいということです。現地で集合して、たったの2〜3時間。それだけで距離が縮まります。

スポーツ観戦も同じようなものです。現地集合して、やはり2〜3時間でしょうか。スポーツ観戦だと、アルコールが入り、さらに距離が縮まりやすいでしょう。

これが、飲み会だったら単なる飲みニュケーションですが、それをはるかに越える効果があるのです。

生命保険という業種柄、ときにはお客様の付き合いで魚釣りやゴルフにご一緒することもありました。ですが、それだとても気をつかいます。お客様はちゃんと釣れているか、ゴルフにしても自分のほうが上手だったら大変です。

その点、コンサートやスポーツ観戦だと2〜3時間で、必要以上に気をつかわなくていいのです。

部下が嫌がらなければ、ということが大前提にはなりますが、とてもおすすめです。

コスパを考え、お互いのプライベートを大切にすると距離が自然と縮まる

10

カッときても一呼吸置いて話を聴く

せめて「怒らず」に「叱る」

誰だって、叱られるといい気持ちはしないですよね。あなたはどんなときに叱られて嫌な思いをしましたか？

自分自身のことを振り返ってみてください。「叱る」「怒る」、あなたは、どちらを無意識に行っていますか？

あるいは、意識的に使い分けていますか？

一般的に、「叱る」とは、相手のためを思って、強く言うことです。「怒る」とは、自分の感情をぶつけるだけで、相手のことまで考えられていない状態です。

「叱る」「怒る」、どちらにしても、強い言葉を浴びせられていると、その内容に関わらず精神的ストレスが大きいことに変わりはありません。

普通の人なら、言葉を浴びせている側もストレスを感じるものですが、もしも、感情にまかせて「怒る」ことや「責める」ことでストレスを発散させているとしたら、まずいですね。

そういった人が「上司」として会社から任命されることは、あり得ないとは思いますけれど、中には上に対してはうまくゴマをすって……という人もいますから。

さて、話を元に戻しましょう。

なぜか、私たちは強い言葉を発してしまうものです。

私の場合、相手に気づいてほしいことがあるのに、なかなか気づいてもらえないと、ついつい声高に怒鳴ってしまう傾向がありました。落ち着いて話せばいいだけなのですが。頭でわかっていても、できないことって、誰にでもあるものです。

感情的になっていたつもりはないのですが、カッときていたのでしょう。

そんなときの私の対処法は、一瞬間を置いて、考えてから、部下と向き合うことでした。

私の気づいてほしいことは、何なのか？　気づいてもらう方法は、他にはないか？　反射的に言葉を出すのではなく、間を置いて考えてから話すことで、自分が何に対してイライラしているのかがわかります。

私の場合、たいてい、決めたゴールにたどり着いていなかったり、部下と私の思考が大きくずれていたり、向かっている方向がそもそも違ってきているといったことでした。

早い話が、決めたことができていないときにイライラしていたのです。

イライラの原因がわかれば冷静に話し合うこともできます。もう一度、お互いに確認し、了承し合えばいいだけ。

ただ、ここで気をつけたいのは、お互いに了承し合ったとあなたが思っていても、相手は心底納得したわけではないかもしれないということです。

相手が「わかりました」と言っても、本当に納得しての言葉なのかそうでないのか、

注意深く観察してください。観察力に自信がなければ、本当に納得しているのかどうか、納得できないならば、はっきりと言ってほしいと伝えてもいいです。

そして、とことん話し合ってください。

とくに、なぜ部下が納得していないのか、けれども表面上は納得したようにしているのか、その理由や原因をじっくり聴いてあげてください。

面倒かもしれませんが、部下の話を聴くのもあなたのお給料の一部なのです。

じっくり話し合った後で、再度、ポイントポイントで確認し合う。

この作業をしておけば、あなたがイライラして怒ったり、叱ったりすることも少なくなるはずです。

部下に対する、問い掛けや確認の言葉掛けだけで済みます。

組織人、とくに上に立つ人が感情的では、仕事自体が滞るものです。十分、気をつけていただきたい点です。

自分がどんなことでイライラしたり感情的になるか、まずは自分のことを知る

11 部下のスキルを伸ばそうと思わなくていい

伸ばそうと思って伸びるものではない

私は、いままで多くの指導者と、3000人以上の新人教育に携わってきました。指導者も新人もそれぞれ、千差万別、同じなんてことはありません。

それなのに、指導方法に固執し、みな同じに教育していこうとしていました。そして、型どおりに成長しない人を前に「どうして？」と悩んでいた時期があったのです。

さて、いま、あなたは、部下のスキルをどう伸ばすべきか、悩んでいませんか？

たくさんのエピソードがありすぎるのですが、ズバッと解決法をお伝えします。

それは、「スキルを伸ばそうと思わず、ただ部下に期待すればいい」ということです。

もちろん、できないことや無理強いすることに期待するのではありません。

ここであなたに質問です。部下のほうがあなたより得意なこと、秀でていること、知識が豊富なことは何でしょうか。

何もない、自分が最も秀でている……なんてことは思わず、一つでもいいので探してみてください。

必ず、一つや二つはあるものです。

その点に「期待」をすればいいのです。

誰だって、期待されれば嬉しいものです。

しかし、期待がプレッシャーになることもあります。適度なプレッシャーは人を成長させますが、過度なプレッシャーは人を潰しかねません。

だから、部下があなたより秀でているところに期待し、プレッシャーを適度なレベルに保つのです。


多くの人は、周囲からの期待に応えようと努力し、応えることで、自分の存在や価値を実感します。それが、大きな自信につながっていきます。

中にはものすごくへそ曲がりな人もいて、もともと、自分に対して絶大な信頼をしている人などは扱いが難しかったりしますけれど……。


早く成長してほしいからと、あれやこれや、指示や助言ばかりしていたら、せっかくの適度なプレッシャーを感じる機会を奪うことになりかねません。

すると、期待に応えることで得られる自信がつくチャンスも損なわれてしまうことになるでしょう。

秀でているところがたくさんあるのに、なんと、残念。

上司になったからといって、躍起になって部下のスキルを伸ばそうと思わなくていいのです。

あなたより秀でているところを見つけて「手伝ってほしい」とお願いし、期待して待ってみるだけ。

そうすることで、得意なことをお願いされた部下は、期待以上の成果をあなたへ渡したくなるものです。そうなったらしめたもの。相乗効果の始まりです。

あれもこれも、教え込まなくても大丈夫です。優れたところだけに期待してみてください。自信を持つと、自発的に成長していってくれます。

あなたより秀でている所に期待する。それだけでも部下は期待に応えようと成長する

第3章

部下に対する心構え

12

上司は、部下のしもべ

部下の仕事がスムーズに進むための根回しは念入りに

あなたは、部下に「頼みごと」をしていますか？

たとえば、あなたの仕事を手伝ってもらうとか、ちょっとした用事をお願いするとか。複数の部下やメンバーを抱えているとしたら、誰に何を頼むか、だいたい決まってはいませんか？「この案件だったらAさんに」「こちらの用件はBさんに」といった具合に、彼、彼女なら頼んだことをきちんとやり遂げてくれるだろうと思って頼みごとしているはずです。

では、あなたは部下やメンバーから「頼まれごと」をされていますか？ 上司なのに、なぜ部下の頼まれごとなんてやらなくちゃならないんだ！　と思ったあなた、あなたの考えるリーダーシップは一昔前のものかもしれませんね。

いまのこの時代、上司やリーダーは「チームを動かしてなんぼ」です。そのためには、部下から上手に頼まれごとをされなくてはなりません。

あなたが部下に頼みごとをするとき「この人だったらここまではしてくれる」という期待と信頼があるはずです。部下があなたに頼みごとをするのも、同じこと。あなたに頼めば、頼れば……という期待と信頼があるのです。

ですから、頼まれごとをされていないということは、裏を返せば信頼されていない、ということかもしれません。

いまでは偉そうなこと言っている私も、住友生命で一年間の営業経験を経た後、無事に当初の目標だった管理職になったとき、「部下から頼まれごとなんて、とんでもない」と思っていた口でした。

いまから約20年前のことです。

生命保険と言えば、完全に個人成績の世界だと思われる方も多いでしょう。確かに、営業職員は個人成績が命です。ですが管理職になると、「チームでの成績」が命に変わります。

頼まれごとなんてとんでもない！ と思い、グイグイ引っ張るリーダーシップを発揮しようと躍起になっていたのですが、後ろを振り返ると誰もついてきていませんでした。チーム各人がバラバラで、成績もつねに大きな浮き沈みにさらされ成果が安定しない状態が続いていました。

想像できるかと思いますが、生命保険の営業は圧倒的に女性が多いものです。新卒で入ってくる方もいれば、人生の紆余曲折があり入ってくる方もいます。

様々な年齢、様々な人生経験のある女性たちを束ねて成果を上げてもらわなくてはならないのが管理職のミッションです。

強いリーダーシップでは、誰も動いてくれません。あれこれ悩み抜いた末に至った考えは「上司は部下のしもべである」ということでした。

どういうことか、実例を踏まえてご説明しましょう。

今日大きなクロージングを迎えられるかもしれない女性メンバーがいました。私が直接叱咤激励しても、彼女はテンションが上がらないタイプです。彼女のテンションが上がるのは、お気に入りの男性社員からの声掛け。だから、その人からエールを送ってもらう。そうすることで、彼女のモチベーションは上がり、ぜひともクローズして報告しようと考えます。

そのために私がしたのは、日頃からメンバーを注意深く観察し、各メンバーのモチベーションが上がりそうな要素をつかんでおく、そして、ここぞというときにその要素を披露するということでした。

このときは、本社の男性社員にも根回しをして彼女にさりげなくエールを送ってほしいと依頼しました。もちろん、契約が取れたら取れたで、その男性社員にも「○○さんのおかげで！」と報告をするわけです。

こういったことを、メンバーの特徴を踏まえて日常的に行うことにしたわけです。するとメンバーのモチベーションが上がり、私への頼みごとも増えました。成果も自然と上がり、チーム内が活気づきます。チームの成果が上がれば、最終的に私の評価にもつながります。例で言えば、私から根回しをされた男性社員からも喜んでもらえました。

ふんぞり返ったリーダーからしもべリーダーに転換しただけで、得られるものに雲泥の差ができ、自分でも驚いたものです。


当初、私にも変なプライドがありました。上司としてのプライドが。でも、「自分はしもべ。しもべに与えられるものは何もない」と思った途端、気持ちが楽になったのです。メンバーから、チームから、他部署からの信頼も得られて成果も上がる。一石二鳥どころか一石四鳥くらいの効果でした。

チームが思いどおりに動いてくれないと思っているならば、ぜひ試してみてください。

部下のために動くことは、結局自分の評価を高めることにもつながる

13 必要に応じて利益を度外視することも大切

利益や成果よりも大事なことは、人としての在り方

あなたの仕事はメンバー個人の成果を上げて、ひいてはチームの成果を上げて利益を出すことです。

ですが、ときには利益を度外視してでも部下を守ることで、長期的に見ると、より大きな利益を得ることもあるのです。

昔の人はうまいこと言ったものだと思います。「損して得取れ」。まさにそのとおりだと思った出来事についてお話しましょう。

住友生命で大卒部隊のトレーナーとして、新人女性と企業同行していたときのことです。

保険セール担当の企業内部での活動は、基本的に昼休みと終業後の職場訪問、そしてアポイントを取ってのプレゼンのみです。企業での営業活動の多くは、男性社員とアポを取り、保険の必要性をプレゼンすることでもありました。

独身の方は、あまり興味を示されませんが、結婚する方、お子様が生まれた方など、家族構成に変化があった方からはかなり積極的なご相談を受けることが多くありました。

いつもどおりにお昼の活動を終えて、職場を出るときに一人の男性社員に声を掛けられました。「来月結婚するので、保険を見直したい。終業後、もう一度しっかりと話を聞きたい」とのこと。即、終業後のアポイントをいただきました。

「日頃の活動が認められて、声を掛けてもらえた。他社と比較していただくためのプレゼンができる。ライフコンサルタントとしての一歩を踏み出した!」と、新人も私もワクワクしながら、帰社し資料作成・プレゼン練習したことを、いまでも覚えています。
指定時間の19時、先方企業のエントランスでのことです。
お客様「あれ？　新人さんだけじゃないの？」
私と新人「……」
お客様「上司がいたら、話にならないよ！」
私「お客様の新生活に関わる大切なお話ですので、一緒に参りました」
お客様「結婚は、すぐじゃないよ」
私「結婚に向けての準備ですか？　お役に立てるようプランニングさせていただきます」
お客様「だから、結婚はしないの！　あんた帰っていいよ！」
ピンときました。
私「本日のアポイントは、どういうご用件でしょうか？」
お客様「ゆっくり話を聞きたいだけだよ！　それで、加入したら、何してくれる？」
と言って、新人に目配せをして、心理的に新人を追い込んでいっています。
（この方の目当ては新人？　一流企業にもいるんだ！）

いつも朝礼で新人に話していることがありました。

「誇りを持って接客すること」、「無理難題には、きっぱり断る勇気を持つこと」です。

明らかに、おかしい。私は新人にお断りすることを促し、新人はそれを察して、「本日のアポイントはどういうことですか?」と勇気を持って精一杯の声を上げました。

それから、お客様の逆ギレ発言が暫く続いて、新人がもう無理、という顔になったところで、

「御社様では、私の新人を活動させることは無理なようです。御社様での活動をお断りさせていただきます。これより、御社の総務にご報告させていただきます」と言って、ポカンとしているお客様を残し、私と新人は笑顔で立ち去りました。

最悪の経験でしたが、新人と二人で清々しい気持ちで帰ったことを覚えています。

利益だけを追求するならば、私はこの場で新人を残して帰り、何とかお客様とのパイプをつなぐ、この企業とのパイプをつなぐことが正解です。

けれど、結果的に契約をいただいたとしても、このお客様からの要求がエスカレー

トすることは火を見るよりも明らかです。そうなれば、直近の利益は得られるかもしれませんが、部下は誇りを失い、やがては辞職することでしょう。

逆に、短期的な利益を捨てて部下と部下のプライドを守り切ることができれば、彼女は別なところで大きく育ってくれるはずです。

あなたならば、どちらを選びますか？

ちなみに、このとき新人だった部下は、私にしっかりとついてきてくれ大きな利益をもたらしてくれたことは言うまでもありません。

利益や成果は、もちろん大事だが、それよりも大切なことは守りとおす

14 信頼関係を侮らない

まず、上司のあなたから無条件で部下を信頼してみる

あなたが信頼している人は誰ですか？

「信頼」とは、信じて、頼ると書きます。では、何を信じて、何を頼るのでしょうか。

あなたは毎晩眠りに就く前に、こんなことを考えることはないでしょう。たとえば、

「明日の朝、太陽が昇って来なかったらどうしよう」

「目覚めたら、2日も時間が進んでいたらどうしよう」

「明日も同じベッドの上で、起きられますように」

些細で、一見当たり前と思えるようなこれらのことを、眠ることができないほどの悩みとして捉えたことはないはずです。
太陽や時間や場所に対して、私たちはその役割や存在を評価して、そのことについては任せていられるという気持ちを持っています。これこそが信頼。迷いなく信じて、猜疑心なく頼っている状態です。

私が30代後半の支部長なりたて、さらにまだまだ人生経験者としても未熟な頃のことです。女性営業職員43名と事務員1名、支部長の私、トータル45名の支部内では日常的に、日替わりならぬ、分変わりのごとく、本当に些細なトラブルが起きていました。もちろん当事者にとっては、重大問題なのですが。

ある朝、朝礼に支社長が来てくれたときのことです。20分程の朝礼が終わり、支社に戻る支社長をお見送りし、支部に戻りました。日常業務の再開です。営業活動に出る職員に声を掛け、出動喚起をしながら、訪問予定先の報告を受けます（ここで組織構成の説明をしておきます。私が勤務していた保険会社は、営業職員、所長、支部長、支社長というピラミッド型で、男女比は、営業職員・所長は、女性9割・男性1割。支部長は、女性3割合・男性7割。支社長になると女性は限りなく0でした）。

営業職員を送り出した後、支部長の私も商談のため指定された喫茶店に行きました。無事商談を済ませて店を出ようとしたら、支社に戻られたはずの支社長と、「お客様とアポがある」と私に報告して外出した自支部の所長と、他支部の所長が3人で話をしているのを目撃してしまったのです。広い店で、気づいたのは私だけのようでした。そのときの何とも言えない心のざわつきは、いまでもはっきりと信頼が崩れていった瞬間として心に残っています。

あなたにも、そのような経験がありませんか？

後にも先にも私は、そのときの一度だけですが、かなりのダメージを受けました。何を話していたのかというより、上司である支部長の私に、部下である所長がわざわざ嘘の報告をして、私の上司である支社長と何やらコソコソ話しをしていた。なぜ、嘘をつかれなければいけないのか？　という気持ちでいっぱいになりました。

15年経ち、試行錯誤しながらも成長してきた、いまならわかることもあります。

そのとき、私が心を痛めたのは、なぜ、部下が嘘をついたのか、ということでした。いま思えば、何か理由があって、私には直接相談することができなかったのだと思います。ということは、私はその部下から、信頼されていなかったということです。

このときの私は、自分のことで精一杯でした。自分の上司や部下が、私に何を求めていたのか考えてもいなかったのだと思います。

心の底から信頼するのも、されるのも、本来は長い時間をかけて築かれることです。「今日から私が上司です、信頼してくださいね」と言ったところで「はい、わかりました！」と口では言っても心底信頼してくれる人など、まずいません。

あなたもきっとそうでしょう。「はい、じゃあ今日から上司だから部下を信頼してくださいね」と会社から言われても、そんな簡単なことではないと思います。

とても難しいからこそ価値があるのが、信頼関係です。

ぜひ、信頼関係を築くことに神経を使ってください。

そのためには、まず、あなたから、部下を丸ごと信頼し、受け入れる姿勢を取り続けてみてください。その姿を見て、部下もあなたに信頼を寄せてくれるようになるものです。

信頼関係は、ほんの些細なことから崩れていくことも同時に心得ること

15 部下が大切にしていることを知る

価値観は多種多様。他人の価値観を受け入れる

私が、大学を卒業して最初に就職したのは、法律関連の出版社「ぎょうせい」です。編集部では社内バンドが結成されていて、私はキーボードとして、入部しました。バンドの主な活動は、社内コンサートや関係各所宴会でのカラオケ生演奏等です。7名の上司・先輩に混じって、終業後から2時間位の練習です。その活動をとおして、自分の責任において、臨機応変に対応し、いかなるときにも他者に迷惑をかけてはいけないという社会人としての基礎を学びました。

ここでいう臨機応変とは、演奏中の主体は自分でなくボーカルだから、もし自分が

演奏を間違えても演奏を止めないということです。ボーカルに気持ち良く歌ってもらうことが重要で、音の正確さではないといったことでした。それまではバンドではなく、一人で演奏するピアノをやっていたので、バック演奏者として、音楽を作り上げていくことに馴染むのに大変苦労しましたが、とても楽しく貴重な経験です。

音楽の趣味趣向はバラバラでしたが、揉めごとは一切ありませんでした。その当時、不思議に思っていたのは、誰かがわからないジャンルの音楽があれば、すぐに知っている人に聞いて受け入れていることでした。

学生の頃は、知らないことに対して、ああでもない、こうでもないと意見しながらわかり合っていったものです。意見が最後まで合わず、わかり合えずに離れていった仲間もいたので、社会人の凄さを肌で感じたものです。

ただ、仕事となるとまた別で、結構ぶつかっていた方が多かったように思います。そして、ぶつかることと否定することの違いも教えてもらい、相手の価値観を認めるのではなく、理解することの大切さを叩き込まれました。

音楽という共通の趣味でも好きなジャンルはまったく違いますが、バンドのメンバーはみな、ボーカルに気持ち良く歌ってもらい、聴く人に感動を伝えたい、という目的は一緒でした。目的を共有できていたから、各人の価値観を理解し、尊重できたのだと思います。

この貴重な経験が、その後の管理職として部下との付き合い方に大きな影響を与えたのは確かです。

あなたの周りに、

・自分の思いどおりのシナリオで進行しないと機嫌が悪くなる人はいませんか？
・意見が違うとすぐに否定し、挙句に逆ギレする人はいませんか？
・まったく違う価値観なのに、かなり強引に強要してくる人はいませんか？
・自分の大切なものは尊重して、相手の大切なものには無関心な人はいませんか？

もしそんな人がいたら、まず自分を自分で認めてあげることをすすめてください。

自分に優しくなれない人が、他人に優しくできるわけがありません。

あなた自身も自問自答もしてみてください。

部下が大切にしていることから目を背けている上司は多いものです。歩み寄りは、上司であるあなたから始めてください。思いもよらないほど、大きな喜びに包まれるはずです。


趣味って、その人の本質に近いものだと思いませんか？　趣味を知ることで、相手の内面を知ることは多いものです。

ぜひ、趣味からでもいいので部下やメンバーが大切している価値観を理解し、尊重できるように心掛けてみてください。

共有できなくてもいい。部下が大切にしていること・ものを尊重する

16

部下の言動に問題があると思ったら

部下はあなたの鏡。問題を感じたら自分の在り方を見直す

似た者同士が集まる、とよく聞きますが、私は、集まってきた後で、似てしまうのではないかと思っています。

「朱に交われば赤くなる」「長いものには巻かれろ」……似たようなことわざがたくさんありますが、あまり良い意味ではありません。

突然ですが、「薫化《くんか》」という言葉をご存知ですか？

徳を積んでいく生き方（在り方）のことで、そのような生き方をしたければ、自分

から進んで環境を変え、そういう生き方をしている仲間に身を置くことが最良である、ということです。

人は、善くも悪くも、そばにいると似てきてしまうのです。

私が独立して間もない頃のこと。商工会議所のご縁で、売上アップのための社員研修を6カ月間させていただいたことがありました。

対象者は、入社2~5年目までの営業職員8名と主任2名と課長1名の11名。

企業規模は従業員60名、創業37年の不動産関係の企業です。

バブル期と同じように、「元気と勢い」の精神論で行う営業が主の形態で、徐々に従業員の覇気が弱くなってきて、離職者が増え始めたそうでした。

社長にお願いして、全社員に、無記名で自分の働いている会社の理念・社風・中長期ヴィジョンを書いてもらうことにしました。結果は、予想以上に予想どおりでびっくりしました。

無記名アンケートに、何とほぼみなさん同じ文章を書いているのです。

事前ヒアリングでは、会社の理念は社長室に掲示してあるものの、社員と唱和したり、クレドとして携帯できるようにはなってはいない、中長期ヴィジョンも一部の方とだけ共有して、会社運営をしている……ということでした。

なぜ、みながみな、同じことを書いてきたのかと探ってみたら、社長から、アンケート用紙が配られていたことがわかりました。

この一件で、社内の雰囲気が手に取るようにわかります。

経営者→上席→役職者→リーダー→社員へと、ただ情報が上から下へ命令のように流れてくるだけ。

下にいる人たちはどんどん思考が停止し、ロボットのようになってきていたのです。しかし、経営者は、社員が迷わないように、働きやすくしていると思っていたようです。

この環境は、一時的に効率は上がったように感じるかもしれません。ですが、残念なことに、社員は、やがて慢性的脱力感に襲われます。

すると当然、組織としての活力が著しく低下し、ミスが頻発、離職者が増える組織の形の一つなのです。

最も怖いのは、全員で社長のやり方を真似て、伝達していることです。ことなかれ主義が横行し、チームワークは形成されず、言われたことだけをする、気にしなくなる、先にあるものに興味を示さなくなる……思考停止状態に陥ります。そういう組織になっていることすら、誰も気づきません。

この話、ちょっと耳が痛いところはありませんか？

上司の生き方・在り方が、ダイレクトに部下に反映されてしまうのです。

「最近の◯◯さん、挨拶の仕方が雑になっていないか？」

「おやおや、◯◯さんって、こんなにいつも言い訳してたっけ？」

「電話は、ワンコールで出ること！　何度言ったらわかる？」

気をつけてください。

その姿は、鏡に映ったあなたかもしれません。上司と部下では立場が違うから態度も違って当然……うん、そうかもしれませんね。

でも、そんな傲慢な人には誰もついてきてはくれません。

部下の姿に問題があると思ったならば、自分の行動を振り返って正せる素直さと勇気を発揮してください。

身近にいると人は似てきてしまうもの
悪しきに染まらず、自分を客観的に見る習慣が必要

17

部下に完璧を求めない

あなただって完璧ではない

あなたが考える「完璧さ」とは何でしょうか？　国語辞典によると「完璧」とは、「欠点がまったくないこと。また、そのさま」。とあります。

自分が完璧を目指すのは、素晴らしい成長があると思います。でも、それを部下にも求めるのは、ただ部下を自分の思いどおりに動かしたいだけなのかもしれません。

部下に、こうあってほしい、こうあるべきと、考えを押しつけてはいませんか？

部下に完璧さを求めているとしたら、どこを見ていますか？　誰のためですか？

もしかしたら「あなたのため」になっていませんか？

もっと言うなら「あなた自身の評価のため」になってはいませんか？

自分自身に完璧さを求めるのは、大いに結構です。でも、まったく同じレベルでの完璧さを部下にも求めるのは酷というものです。あなたとは経験もキャリアも違うのですから。

そもそも人は誰だって不完全なものです。あなただって、そうでしょう。あなたの上司も、部下も同じです。

どうかそのことを理解した上で、部下のこともドーンと構えて受け入れてあげてください。もちろん、自分自身のこともです。

部下はあなたの分身ではないことは、きっともうおわかりだと思います。そして、上司になってしまったら、自分のことよりまず部下のことを考えなくてはならないことも。

何をするにしても「主語」は部下。そして、あなた本意の完璧さを求めても期待どおりにはいかないものと思っていてください。

18

自分が嫌な仕事をさせない

そんなことをしたら、部下のモチベーションは下がるだけ

せっかく部下ができたのだから、面倒な仕事や嫌な仕事はみんな任せてしまおう、という新米上司の方が少なくありません。

確かに、雑用に時間を取られるよりも、もっと利益に直結する仕事をしたほうが会社にとってもいいかもしれません。けれど、部下はあなたが思うよりずっと冷静にあなたの言動を見ています。

「あ、自分でやるのが面倒だからこの仕事が振られたんだな」ということを機敏に察知し、あっという間にモチベーションが下がってしまうでしょう。いくらあなたが

利益を生み出したところで、チーム全体で利益を上げることができなければ元も子もありません。

私がとある企業にフリーランスとして所属し、ヘッドハンターをしていたときのことです。そこに、とても優しく優秀な、気の強い女性社員の方がいました。出先でのトラブル回避の迅速な対応に、いつも本当に助けられていました。

普段の彼女は、とても気持ちのよいテンポで、サクサクと業務をこなします。ですが、ときに周囲が不愉快になるほどテンポが乱れることがあるのです。普段とのギャップが大きいのが不思議で、ある日、注意深く観察してみました。

就業前のミーティングで、その日のスケジュールをシェアし、面談者への対応や外出先の確認をして各人がそれぞれの業務を進めていきます。私はフリーランスなので、契約を上げること以外に拘束はありません。

業務開始早々、フリーランスを取りまとめている上席が、あれやこれや彼女に指示しているのが聞こえました。彼女は、「はい。わかりました」と、自分の業務の前に、頼まれたことから始めていました。一時間ほど経った頃、意見交換の大きな声が聞こえてきたのですが、指示内容と完了日程の行き違いがあったようです。

その内容は、

上席「明後日の夜、先方に提出するから、早く目を通したいので急ぎでお願いしたんだよ」

彼女「え？　明後日の夕方の資料なんですか？」

上席「目を通したら、訂正箇所を指摘するから、よろしくね」

彼女「…………」

上席「明後日だけど、完成させておきたいから、急ぎでお願いするよ！」

彼女「明後日の資料ですよね」

上席「何を言ってるの。困るよ〜、チャッチャと修正して戻してよね」

彼女「本日の午後の資料、明日の朝一の資料、明日の昼に必要な資料、明後日朝一の資料といまの段階で４つの資料作成がありますので、その後に修正いたします」

彼女「…………」

上席「僕は、他にもやることあるんだから、協力してくれないと困るよ」

このあたりから、彼女の反撃が始まりました。これ以降上席の声は聞こえません。

彼女の主張を要約すると、「必要な業務は喜んでするが、今回のように自分の業務遂行のためだけに、他のものを飛び越えての指示はいかがなものかと思う、まして、時系列に見ても、とても急ぎの案件とは思えない。毎回このような形だと、安心して上席の指示を受けることができなくなってしまいそうで、とても辛い」……。

ということを、激しい口調で、心を込めて訴えていました。

つまり、上席は自分ではしたくない仕事を部下である彼女に意味もなく急かせていたのです。

これでは仕事のテンポが乱れても仕方がありません。

このやりとりを見て、ふと、私はどうだろうかと心配になりました。

自分でできるのに、嫌だからと、誰かに頼んでないか、と思い返したら、思いあたるフシが多いのなんの。彼女と上席のやりとりを聞いていて、自分が恥ずかしくなりました。

あなたは大丈夫ですか？

自分が嫌な仕事を部下に押しつけたりしていませんか？　もし、「大丈夫！」と自信を持って言えるならば、今後は「みなが嫌がる仕事」を率先して実行してみるといいですよ。

そんなあなたの姿を周りの人はきっと見ていて、チームの空気はさらに良くなります。

自分が嫌な仕事を振っている人は直ちにやめる

それはないと思える人は、みなが嫌がる仕事を率先垂範してみる

第4章

部下の気持ちをつかむ

19 仕事の先にある「楽しみ」を共有する

仕事の楽しみを共有できるのが最善ではあるけれど その「先にある楽しみ」が共有できると最強になる

「仕事は楽しむべきだ」「いや、仕事とはそもそも楽しむべきではない」など、仕事を楽しむか楽しまないかについては、みなさんそれぞれに意見を持っていることと思います。

仕事そのものを楽しめればそれに越したことはないですが、すべての局面で楽しめるわけではない、だったらせめて仕事の「先」に楽しみを見出したいと、私は考えています。そして、仕事あるいはその「先」の楽しみを、できればチームで共有したいとも。

では、仕事の楽しみ、あるいはその「先」の楽しみとは何でしょうか。

私たちの商材は生命保険という金融商品でした。目には見えないものですし、いますぐ必要ではないものです。

出版社から住友生命に転職して、そんな商品を買っていただくために、毎日、外出して営業活動をしていました。朝礼後10時〜15時・18時以降の夕活と、ほぼ一日中の外回り活動に、とても大きな抵抗感を抱いていたものです。

やらされ感満載で、仕方なく活動している状況でした。

「外回り」

「いますぐ必要でない商品の販売」

「生命保険」

「毎月個人売上目標がある」

「毎日の活動指標がある」

「個人事業主（生命保険の販売員は基本的に個人事業主です）」

というキーワードも重かったです。

そんな私が変わることができたのは、教師をしている友人の「毎月リセットできるって、なんて素晴らしい業界なの？　本当に羨ましいわ〜」という一言でした。

それまで、そんなふうに思ったことなんてなかったのに。


毎月リセットされるとは、毎月全員のスタート位置が揃うということでもあります。その月の目標数字に向かって上司や部下と（当時の私は部下の立場でしたが）同じ位置から歩んで行けるのが生保のいいところだと、気がついたのです。

立ち止まって軌道修正することも可能ですし、目標に向かってアクセルを踏み続けることも、もちろん可能です。

そのことに気づいたとき、何かが変わりました。

どんな人をどんな喜びにつなげられるかということを上司と共有できた瞬間、仕事に楽しみを抱けるようになったのです。

意識の変化があった後は、私の「やらされ感」も薄らぎ、嫌々外回りをすることもなくなりました。

当時の上司と、楽しみを共有できたのだと思います。

目標を達成したら、もちろんお給料も上がります。保険業界の多くは固定給ではなくて歩合給です。仕事そのものも楽しく、「その先」の報酬も断然楽しみです。いただいたお給料をどう使おうか、欲しかったバッグを買おうか、それとも家族や友人と美味しいものを食べようか……。

がんばれば、その分だけ成果が上がり、それが報酬となって自分に返ってくる。これが仕事の先の楽しみの一つだと思います。

もちろん、多くの仕事は固定給で、がんばってもそうでなくても毎月もらうお給料に変わりはないかもしれません。でも、ボーナスや金一封などの制度がある会社も多いでしょう。

お金だけがすべてではありません。

会社によっては、昇進であったり、希望部署への異動であったり仕事の先の楽しみは考えようと思えばいくらでも考えることができるはずです。

仕事での楽しみを、上司と部下で共有できれば最高です。でも、それが難しいようなら、その先の楽しみをぜひ共有してみてください。部下の成長スピードが加速すること請け合いです。

仕事で得られた「報酬」「幸福感」を共に喜び、楽しみ合えるような上司を目指す

20

お互いの価値観を交換し合う

チームがバラバラだと感じたときに試してみてほしい

「安心領域」「チームカラー」「仲間」「家族」。

つい先日のことですが、これらのキーワードを使ったセミナーを開催したときのことです。

セミナーのメインテーマは「自分らしさ」でした。

「〝自分らしさ〟がテーマなのに、なぜ、これらのキーワードが必要なのかワークの前に教えてください」という質問がありました。

あなたは、これらの言葉から、何を感じ、どう表現することが可能ですか？

メインテーマは、「自分らしさ」。

キーワードは、「世界観」「チームカラー」「仲間」「家族」。

さて、いかがですか？

数人のグループでそれぞれが「自分らしさ」「世界観」「チームカラー」「仲間」「家族」について、語り始めたら、じつは何日かかっても、語り尽くせないほど、価値観が異なるキーワードです。

このときのセミナーでは、さらに「人間として」という大きな括りの中で、「自分らしさ」「自分の世界観」「自分のチームカラー」「自分の仲間」「自分の家族」について考えてもらいました。

「人間として」という大きな括りを提案することで、視野は広がります。最初は戸惑っていた参加者も、「日本人として〝世界観〟を考えると……」「いま住んでいるマンションの住人として〝仲間〟を考えてみると……」「生まれたときから衣食住をともにしている〝家族〟を考えてみると……」とヒントを出すと、困惑していたみなさんが、別人のように、黙々とワークに取り組み始めます。

この手法は、集まっている人との共通点や、これから一緒に進んで行く中での問題点や共通点を探し出すのにとても有効です。

短時間で、集まった人が「仲間」であるという安心感を体験してもらえます。

各人の記入が終わったら、今度はお隣さんとお互いに書いたことを見せ合い、話をします。

ここでもまた、不思議な体験をしていただけるのです。

記入してある言葉が、同じだったり、使っている言葉は違うけれど、意味は同じだったりして、空間でのつながりを体感できるのです。

規律で縛ったり、規則でまとめたりということをしなくても、何となく自然に、同じような感覚があったりするものです。

たとえ置かれている環境が違っても、共通点を見出せます。感覚が違うことについては、「それは、どういうこと？」「ということは、こういうこと？」「そうするとこれと同じ感じになる？」というように、相手の感覚に寄り添い、理解しようという行動や思考や言動が自然とわき起こります。

そうなると、理解できなくても、理解しようとしているという事実が安心感を生じさせるのです。

あなたのチームのメンバーがなんとなくバラバラかなと思うときに、試してみてください。

お互いの価値観を交換し合うことで得られることは、想像以上に大きい

21 会社の理念と部下の夢や希望の共通点を伝える

定期的に部下と話をする場を作る

あなたが所属している企業の理念と、部下の夢の共通点をあなたは知っていますか？

まず、所属企業の理念を知らないという方。上司、あるいはリーダーというポジションにいるのですから、これは問題です。曖昧にせず、自分の上司に聞きに行き、組織の理念を明文化してもらう必要があります。

次に、部下の夢ですが、これは本人に聞いてみないとわからないことです。リーダー就任直後にメンバーと個人面談の機会を設けて話をじっくり聞くのもいいですし、就任してしばらくして信頼関係がつかめたと実感した後に聞いてもいいでしょう。もちろん、2回聞くのでもいいですね。

とくに、将来について明確な夢を持っている人はそれほど多くはないかもしれませんから、定期的に聞くことで本人たちの「夢」も固まってくるかもしれません。

では、あなた自身の理念や夢はどうでしょうか。

「理念」なんてものはない、と思ったそこのあなた、きっと、そんなはずはありません。もう少し柔らかい言葉で言えば、どんな状態の誰に、何を使って、どうなってほしいと思っていますか？　それならきっと思うこともあるでしょう？　それを「理念」と言っていいのです。

私はおかげさまで現在、企業からの依頼で様々な研修の機会を多くいただいています。

そして、研修前の打ち合わせ時には、必ず経営者にお会いさせていただいています。

これは、とても大切なことです。

企業理念と経営者の思いが、経営に携わっている方から新人にどう伝わっているのか、伝わっていないのか、または、伝わり難いのかということを講師である私が理解した上で研修をする必要があるからです。


そこでのことを少しお話しましょう。

とある中古車販売会社での売上アップ研修開催時にあったことです。

中古車のネットオークションが市場に参入してきた頃で、「いつでも・どこでも・ネットで見られる中古車サイト」として、お客様からは利便性と手軽さでたいへん評判も良く、立ち上げ当初から順調な経営をしている企業でした。

開催の日程に合わせて、経営者と売上アップ研修についての打ち合わせをしている最中、話が逸れることがしばしばありました。

研修の話をしているはずなのに、途中から新規事業の話を社長がされ始め、メインの話題がそちらに持って行かれてしまうのです。

軌道修正しながら話を進めていくと、売上アップ研修の本当の目的が明白になってきました。どうやら、経営者はリアル店舗での即戦力を育成したいようなのです。

その当時の営業は4人。ディーラーから引き抜いたメンバーです。車が好きですが、リアルな営業には後ろ向きな方々でした。

しばらく観察していると、経営者の毎日進化していく企業理念に4名の営業がついていけなくなっていたことが見えてきました。

実務面でのスキルアップという解決策は確かに必要です。でも、それだけではどうにも説明のつかないことのほうが大事だったりすることもあるものです。

たとえば、気持ち、信頼関係、安心感といった価値観が社内でバラバラだと、同じ目標に向かって進むことは難しくなっていきます。

いわゆる、「〝会社の理念〟が社員に理解されていない」という状態です。

これは、とても単純ですが非常に大きな問題です。

恋愛にたとえてみても、相手の考えや趣味、思考がコロコロ変わってしまうと、相手に対する信頼感や安心感が崩れやすくなってしまいます。

一旦崩れてしまっては、修復に結構時間がかかってしまうものです。

では、どうしたらよいのでしょう。

答えは簡単です。お互いの気持ちや考えていることを、日々共有することだと思います。


あなたは、組織のトップと現場の最前線で働く人たちをつなげる役割を担っています。定期的なミーティングや朝礼、個別面談などを仕組み化しているのなら、そこで。システム化していないのであれば自ら仕組みを作って、会社の理念とメンバーの意向をすり合わせるようにしていってください。

まず、あなた自身が会社の理念を理解し
部下の夢や将来展望との接点を見出すことが大切

22

部下のパーソナルブランドを引き出す

部下を観察して長所・強みを見つけることから始める

昨今、「パーソナルブランド」という言葉が浸透してきています。

パーソナルブランドとは、個人の名前を聞いた瞬間に、聞き手の脳裏に自然に浮かんでくる、その人の活動や経歴やスタイルなど、その人を特定する情報のことです。

たとえば、「鈴木一郎」という名前の方がいらっしゃる。日本では、苗字・名前とも非常にポピュラーなものです。ところが、この「鈴木一郎」さんに「メジャーリーガーの」という枕詞を一言つけ加えるだけで、きっと誰もが「ああ！　あのイチロー選手！」と、瞬時に彼のイメージを思い浮かべることができるでしょう。これが、パーソナルブランドです。

別に、あなたや部下が有名人になるということではありません。

でも、あなた自身と部下のパーソナルブランドをなるべく早くもちろんポジティブな意味で確立してほしいのです。

近くの関係者や社内だけでもいいので、名前を聞いたときに、

「ああ、あの◯◯さん。あの◯◯さんなら、信頼できそう！」

「知ってる、知ってる、とても丁寧な電話対応の◯◯さんでしょ！」

「◯◯さんに任せておけば、おば様たちのクレーム解消間違いないよね！」

という、イメージ（＝キャラクター）を多くの人に持ってもらえるようになってほしいということです。

私が学生の頃アルバイトをしていた地元の不二家には、湯上《ゆがみ》（私の旧姓です）が３人いました。

それまで同じ苗字の人と会うことがなかったので、「湯上」と苗字が同じというだけで、当人同士はすぐに仲良くなれました（同じくらいの年齢で、女性同士ということも関係していたかもしれません）。

この不二家はフランチャイズで、オーナーがケーキを作りながら、社員やバイトの動きをよく観察し把握していました。

湯上3人娘と呼ばれ、「社会人になったら〝〇〇ちゃん〟などと呼ばれて甘やかしてはもらえないから、自分のことをよく知っておくように」と言われたものです。

当時はオーナーの言葉の意味を理解できていませんでしたが、オーナーの素晴らしさは、この頃感じることができます。

オーナーは、苗字は同じでも三者三様の湯上さんのパーソナルブランドを見抜き、各人に意識させてくれていました。それだけでなく、3人のパーソナルブランドをそれぞれに浸透させていたのです。

一人が、数字に強い（レジが正確で早い）湯上さん。

もう一人が、動きが俊敏で気がきく、レストランでの接客で笑顔が素敵な湯上さん。

さらに、ポップ作成が上手で、店内が明るくなる飾りつけや配置＝売上アップの施策が上手な湯上さん。

それぞれの長所を伸ばしてくれ、私たち湯上３人娘は、自然と役割を認め合っていました。

ペコちゃんのケーキをもっと身近に食べてもらいたいというオーナーの思いを短期間の仲間であるアルバイトにまで、浸透、共有し、なおかつ、各人の役割を自然に自覚させて、居場所を作ってくれるオーナーでした。

あなたの職場はいかがですか？

この不二家のオーナー、じつは凄い方だったな……といまになって思うのですが、ぜひあなたには目指していただきたいと思います。

では、どうすれば部下のパーソナルブランドを引き出せるのか。まずは部下やメンバーをよく観察して、長所や特徴をつかむこと。

そして、本人にもことあるごとにその特徴を伝えて自覚をしてもらうのです。部下自身が自分の長所・強みを自覚ができれば、立ち居振る舞いも変わってきます。そうなったら、周りが認めるのも時間の問題です。

もちろん、あなたも「〇〇君はとってもきめ細やかな仕事をしてくれるんですよ」とか「〇〇さんは、ああ見えて肝が据わった女子なんですよ」と社内外に宣伝してください。難しく考える必要はありません。

当然、あなた自身のパーソナルブランドも確立させていくこと
何が強みか自分でわからなければ、率直に話してくれる人に聞いてみる

23

部下の成長を徹底的に応援する

４つの観点で目標を俯瞰する

生命保険会社の営業管理職、とくに支部長という役職は、組織の業績向上と繁栄を託され、個人事業主である女性職員の教育・育成をする職務です。営業成績を短期間だけ上げるのは、それほど難しいことではありません。

努力なしにということではなく、毎日やるべきことをやり続け、種を蒔き、水をあげ、日に当て、栄養分を与えて、大きな収穫が自然にくるまで、大切に育てていく。

６カ月後に大きな契約がほしいと思ったら、６カ月前に種を蒔く。種は多ければ多いほど育てていく中での楽しみも増えるものです。

中には、思いがけず早いタイミングで成果として、自然に育つこともあります。

あるいは、8カ月を過ぎても、一向に育っていかないこともあります。そんなときには、お水の種類や日照時間や肥料の種類・量など、もう一度見直さないといけません。

私が、支部長になったとき、組織全体が支所から支部に昇格したばかりだったので、まだまだ勢いがありました。それは、私の影響力ではなく、組織の力・各人の力の結集でした。

にも関わらず、支部昇格後も同じような運営（業績向上・陣容拡大）をしていて、支部内がギクシャクしてきたことがありました。そのときに出会ったのが、いまの私の基軸になっている「原田メソッド」です。その中でも４観点という思考は目から鱗でした。

「成し遂げたい目標」を成し遂げたときに得るものと感情を、４観点で表現します。

①自分の有形の得は？

②自分の無形の得は？
③他者・社会における有形の得は？
④他者・社会における無形の得は？

という４つの問い掛けが軸となるメソッドです。

たとえば、「査定最終月の部下二人の査定をクリアさせて、上司として高評価を得る」という目標を前述の４観点に当てはめて状況を俯瞰してみると以下のようになります。

①有形の自分の得　↓　給料が上がって買いたかったバッグを買う
②無形の自分の得　↓　新しいバッグをほめられてとても嬉しい気分になって笑顔が増える気がする
③他社・社会における有形の得　↓　給料が上がり、有名レストランで、家族で楽しく食事をして、みなに喜ばれる

④他社・社会における無形の得　↓　家族と行ったレストランの話が職場で話題になり今度は、チームのみなで行こうと盛り上がる

というように、目標は私個人の利得になっていますが「査定最終月の部下二人の査定をクリアさせて、上司として高評価を得る」を4観点で俯瞰すると、最終的に目標達成したときには、利他（家族と行ったレストランの話が職場で話題になり今度は、チームのみなで行けるようになりたいと盛り上がる）の形になっているのです。

自分の評価を高めたいから（もちろん

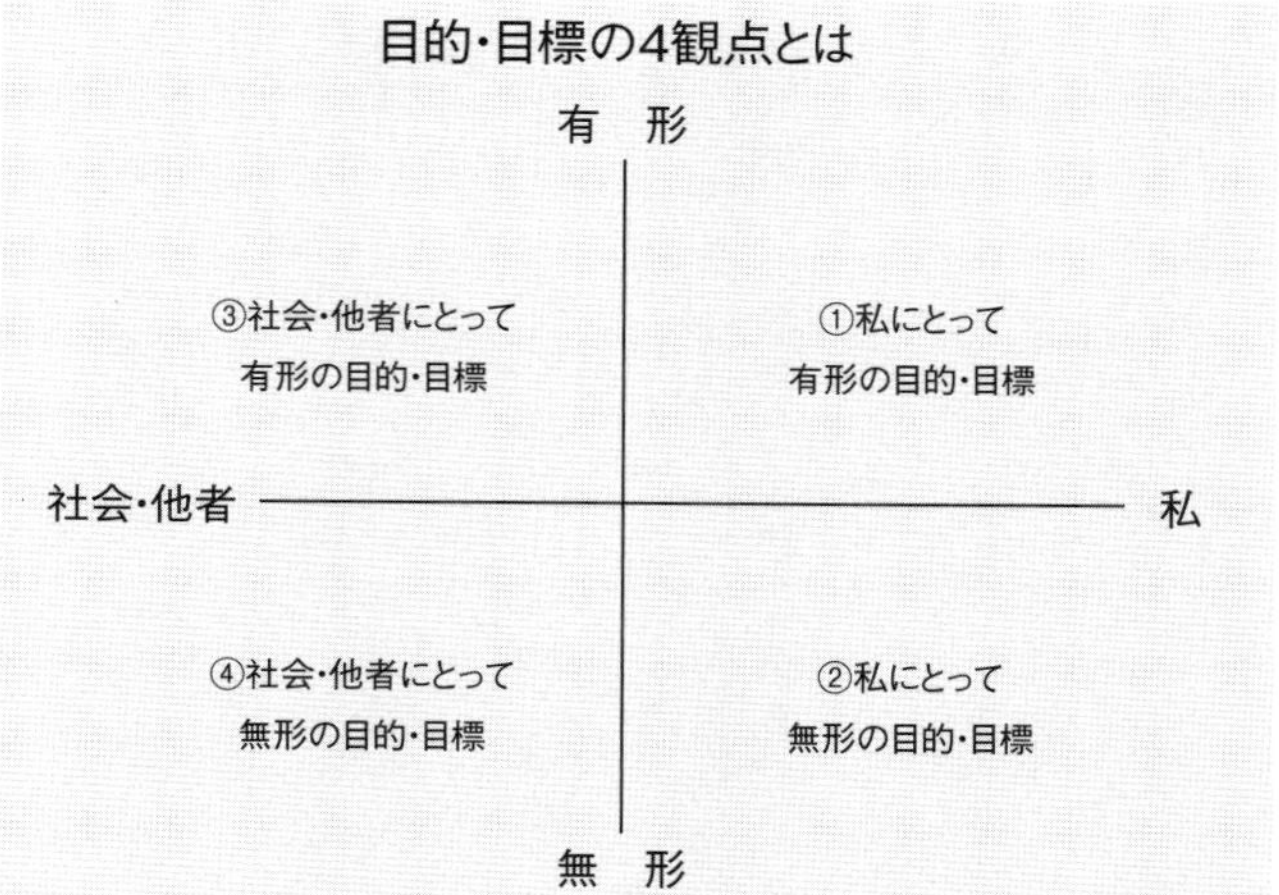

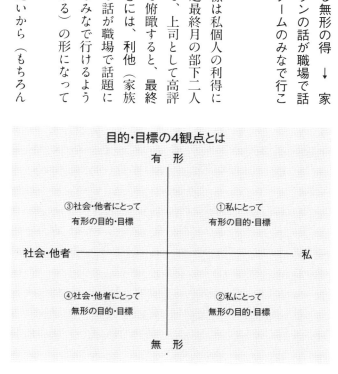

部下には伝えませんが）、仲間の査定をクリアして、チームでレストランに行って、みなで楽しむ、という目標を公言したこともあります。不思議なことに、チーム内のへだたりが薄くなって、他人の査定なのにクリアしたときはチーム全員で喜び合ったものです。

いま、自分のやっていることは、誰かの役に立つのだということを、ぜひ部下にしっかりと伝えてあげてください。

そして、実際に役に立ったときは、喜び合う形で表現できたら、誰でも笑顔になるものです。あなたはそのお手伝いをしてあげればいいのです。

一見、自分の利得ばかり考えているように見えても最終的には他者の利得となる行動がベスト

24 とにかく聴いて・微笑み・頷く

ホウ・レン・ソウがスムーズにいく空気感を作る

ビジネスパーソンとして当たり前の「ホウ・レン・ソウ」（報告・連絡・相談）ですが、部下が上司であるあなたの前で、緊張しながら笑顔なしで行っていませんか？

このような環境からは、柔軟な発想や、新しいアイデアは生まれにくいものです。

問題が発生すると、決まって、「どうしてもっと早く相談しに来なかった？」と言うわりには、「必要以外のことは報告しなくていい空気」を醸し出しているのは、もしかしたら上司のあなたかもしれません。

自分もかつては理不尽だと思う経験をしているはずなのに、やっぱり、同じことをしてしまっている可能性はあります。

当然のことですが「ホウ・レン・ソウ」はリーダーとメンバーが円滑なコミュニケーションを図る上でも、業務をスムーズに進行させるためにも大事なことです。

「必要以外のことは報告しなくていい」など思わず、積極的に受け入れる姿勢を示してみてください。

そのときに気をつけたいことは「聴く・微笑む・頷く」の３点です。

部下からのホウ・レン・ソウを受けるのはもちろんですが、上司のあなたから、部下に近づいて行き、いろいろと言い出してくる話に耳を傾けるのもいいでしょう。

中には、話をすることを嫌がる人もいるかもしれません。そんな部下には、根気強くとりあえず挨拶から声を掛け続けること。挨拶は、部下との距離感が劇的に変わる簡単な方法です。

私が住友生命の支社管轄のトレーナーの頃、所長（支部の中で新人の所属するチーム）と新人の「ホウ・レン・ソウ」をする状態・関係性が、成果の上がり方や新人の定着率にも如実に現れていました。

上司にもいろいろなタイプがあり、それぞれに合ったホウ・レン・ソウは必要です。たとえば、「部下をお客様扱いする上司」「部下に気を使わせてしまう上司」「あなたのためだからと部下に指示しがちな上司」「お互いに干渉しなさすぎで部下に任せているクールすぎる上司」

どのタイプの上司が良くて、どのタイプがよろしくないかは、上司と部下の関係性・信頼感で違ってきますし、部下が上司に何を求めているかでも違ってきます。

ただ、どちらにしても、上司の懐は大きく広いほうが、部下は心地良いのは当然です。あなたがどんなタイプの上司であろうと、せめて「話を聴く」という姿勢だけは徹底してください。

上司が歩み寄っていった瞬間に、涙がポロポロ溢れてきた新人もいました。そんなときの上司には、言葉はいりません。「今日も一日、ご苦労様の気持ちを込めて」テッシュを差し出すだけ。

落ち着いた頃を見計らって、何事もなかったように話し掛ければいいのです。

「同じ思いをしないために、今日できることは何だと思う？」

部下が答えなくても大丈夫です。

それだけでも何かを感じています。上司もそのことがわかれば十分。

「聴く・微笑む・頷く」。

たったそれだけで、「安心感」という空気を醸し出すことができるものです。

とは言え上司も人間です。いつだって「聴く・微笑む・頷く」ができる状態にあるとは限りません。ときには上司やリーダーであるあなた自身が悔しいと感じたり、悲しいと感じたり、腹を立てていることもあるでしょう。

そんなときは、無理をしなくて大丈夫です。

ただ、部下の前でそういったネガティブな感情をむき出しにするのはご法度です。

仮にあなたがネガティブな感情をむき出しにしていることが多ければ、せっかくの「聴く・微笑む・頷く」も白々しくなってしまいます。安心感どころか恐怖感を醸し出してしまうかもしれません。

できるだけ、ネガティブな感情は一人でサッと流してフラットな状態を心掛ける。その上で、「聴く・微笑む・頷く」。もちろん、微笑む柄じゃないという方は、そこは省いてもOKです。

最低限「聴く」。言葉を遮らずに「聴く」。これだけは守るようにしてみてください。

部下がホウ・レン・ソウをしなくなったら上司としての立場は厳しい しかし、タイミングがわからない部下もいるはずだから、自分から聞きに行く

第5章

部下が勝手に育つコツ

25 ただ、見守るだけでOK

必要なことだけ伝えたら口出ししない

部下が育つためには、ただ見守るだけでいい？　そんなバカな……と思った方も、きっと少なくないでしょう。もちろん、必要なことは教えなくてはなりませんが、部下の成長を促すためには、本当に見守るだけでいいのです。私の経験になってしまいますが、お話させていただきます。

私が、住友生命管理職養成部に入社して間もない頃、教官から受けたミッションは以下の4点でした。

①一人で契約をいただけるように自立させること
②営業力を存分に発揮できるよう人間力を向上させること
③多種多様の価値観を受け入れられるようにすること
④自分に正直であり続けること

指導員としての入社でしたが、指導するには私自身営業活動を経験しなくてはなりません。まずは、保険セールスレディとしての活動から仕事は始まりました。

セールスレディは、企業の昼休みに、自己ＰＲチラシに飴をつけて配ったり、キャンペーン時に参加を呼び掛けたり、物品を配布したり、とにかくお客様になってくれるかもしれない方たちの名前と顔を覚えることから始まります。私たちが、「住友生命の営業員」だと認識してもらうのは二の次でした。

生命保険という、いまは興味がないと考えている商品について話をするわけです。必要と思ったときに、真っ先に自分のことを思い出してほしいのです。

私は、すぐに営業の大変さに直面し、なかなか契約が取れず焦りを感じていました。

教官は、とにかくお客様の要望や困っていること、家族関係などを会話の中から拾って来いと言います。営業なのに、必要以上に売り込まなくていいとも。

新商品の勉強や営業話法のロールプレイングは、時間をかけて継続して毎日のように研修していました。実際にアポイントが取れ、営業活動中にクロージングをした後の最後の決め台詞は、申し込み用紙を出して、「ご納得いただけましたら、こちらにサインと捺印をよろしくお願いいたします」でしたが、その頃は、そのままサインされる方はいらっしゃいませんでした。

何枚申し込み用紙を提示させていただいたことでしょう（現在は、コンプライアンス上、申し込みされる方の申し込み用紙しか印字できなくなっています）。

私は、何をやっているのか、教官が何を教えてくれているのかわからず、ただ営業が辛い、大変、苦しい、楽しくないと思いながら、言われたことをとにかくやっていたときに、教官から声を掛けられました。

「中沢は、言われたことをやっている。それでも、結果が出ないのは、教官である僕の責任だから、もっと自信を持って断られて来い」と言うのです。

何それ？　と思いましたが、確かに教官の言うとおりです。私の責任じゃないし、自信を持って断られようと心に決めて、決め台詞を言い始めたら、わかるようになってきたことがありました。

それは、お客様の本当の断る理由や心配事、タイミングはもう少し先だとか、決定権は奥様にあるのだとか。不思議と断られても営業が楽しくなってきたのです。

入社後半年ほど、契約を取ることができませんでしたが、その後は、お客様のタイミングに合わせて、コンスタントに契約をいただけるようになりました。

狙いを定めて突進していくような営業方法ではないので、日々の継続訪問で、お客様との信頼感とともに「何かのときには役に立つ中沢」として名前を覚えてもらえるようになったのです。

営業を一通り経験した後、無事に指導役として新人教育担当に就くことができました。

そのときの指導方針は「特別なことをするのではなく、信頼を得るための日々の活動を重視することが、契約につながる」というものです。

つまり、私の教官が私にしてくれたことを、そっくりそのまま真似させてもらったのです。

指導員として受けた4つのミッションは、お客様から信頼を得るための指導方針でもあったわけです。

営業活動に出ているより、見守る側の上席であることが苦しいのだと、同じ立場になってわかりました。きっと私の教官も一緒に苦しんでいたのでしょう。

あなたも、ただ黙って見守ることは苦しいはずです。でも、後できっと大きな喜びとなって返ってきますから、楽しみに待ってあげてください。多少時間がかかってもいいのです。一生の武器となる技術を身につけさせてあげてください。

手も口も出さずにただ見守ることは苦しいけれど
結果的には最も効率が良かったりする

26

部下の「やる気」を育てればいい

対話することでやる気の源を探る

前述しましたが、上司であるあなたが絶対にしてはいけないことは、部下やメンバーの「やる気を摘む」ことです。裏を返せば、部下のやる気を育てるのがあなたの上司としての第一の仕事と言ってもいいでしょう。

では、どうしたらやる気を摘むことなく、育てられるのか、考えてみましょう。

いまから7年前に独立して、就活中の女子大生を相手にＳｋｙｐｅコンサルを始めた頃のことです。

「なんで中沢さんは、働いているのですか？」「会社勤めは楽しいですか？」「どうして、就職しなくてはいけないのでしょう?」と、聞かれたことがあります。

就活Ｓｋｙｐｅコンサルを受けている女子学生さんですので、もちろん気持ちは就活に前向きです。でも、ご本人も自覚がないまま、就活、就職、仕事、働く、もっと突っ込むと人生に対して心のどこかで、不安を感じているようでした。

働くことが当たり前だと思っていた私にとって、彼女からの質問はとても驚きでした。けれど、同時にそこまで人生を真面目に考えているのは素晴らしいと、相反する妙な感覚に襲われました。

そこで、私は彼女に質問をすることにしたのです。

「人間の可能性について→貴女の可能性について→貴女のなりたい未来について→貴女のなりたくない未来について→なりたくない未来にならないために必要なことは?→なりたい未来になるために必要なことは?」などなど。

繰り返し質問した後は、ひたすら聴くだけ。もちろん正解はありません。

この女子学生さんに限らず、私の質問するスタイルのコンサルティングは最初はみなさん、面倒がって、適当に答えてきたりします。それが急にあるときから、明らかに話す内容が変わってくる瞬間があるのです。あんなに面倒がっていたのに……。はっきり・しっかり、楽しそうに話してくるのです。

どうしてだと思いますか？　それは、きっとご本人が自分の心の声に耳を傾け始めたからでしょう。彼らのやる気が私にも伝播し、私まで熱い思いを感じ、自信が湧くのが、この瞬間です。

自信とは、自分を信じることですから、本来は自分一人で完結することです。ですが私は、自分一人で生み出されるものではないと考えています。向かい合うべき相手が成長し、本当のやる気スイッチが入ることで、双方ともに、自然発生するのが「自信」だと思うのです。

やる気スイッチが入ると自発的に行動し、反省し、計画を立てることが楽しくなってきます。そして、お互いのコミュニケーションに信頼感が加わり最高の結果につながる道ができたことを確認できる関係に発展していきます。

生き生きと行動し合う姿を見て、お互いの自信はさらに大きく育ちます。

あなたはただ、部下のやる気を育てればいい
それがあなたの自信、部下の自信にもつながる

27 期日つきの目標を共に持つ

そしてプロセスを共に歩む

あなたには部下と共有している、期日つきの明確な目標がありますか？

「達成したい目標と期日」。目標と期日はセットにすると達成しやすくなると聞いたことがあるかと思います。

もし、すでにセットにしているのに、なかなか目標を達成できないのだとしたら。なぜだと思いますか？

話は変わりますが、きっと、誰もが小さい頃に自転車に乗る練習をしたことでしょう。方法は違うかもしれませんが、多くの人は初めは、後ろのタイヤの両サイドに補助輪をつけて、まずペダルを漕ぐことに慣れる練習をしたと思います。

二輪で漕げるようになるために、まず、片方の補助輪を外して、バランス感覚を身につけて、いよいよ左右の補助輪を完全に外したのではないでしょうか。

このトレーニングは一人ではできません。誰かに支えてもらい、転んだら起こしてもらい、励まされながら、チャレンジしていく。この繰り返しでいつの間にか、補助輪なしで乗れるようになったはずです。


自転車を補助輪なしで乗るという子どもの目標に大人が寄り添い、支えながら共に汗を流し、一緒に小さな成功を積み重ねていっているのです。協力しながら失敗を繰り返し、最終的に目標を達成する感覚を共有しています。


誰もが体験してきているはずなのに、上司と部下の関係になるとなかなかうまくいかないのは、なぜでしょう。その原因は部下にあるのでしょうか。

住友生命時代、支部長として売上を上げるため、各人の売上アップの仕掛けをイベントや施策という形で毎月打ち出し、実践していました。うまく結果が出る月もあれば、ダメな月もあります。

ダメな月は、イベントや打ち出した施策が大不評で、営業活動が単調で最後までリズムが整わないまま月末になり、〆切になってしまいます。目に見えるもの、結果に縛られすぎて私が四苦八苦しているのが、支部全員に伝わっていたのでしょう。

結果が出る月は、自然な流れの中で各人の活動がチームを動かし、支部全体が、大きな上昇スパイラルになっています。私が引っ張っているというより、みなが同じ方向を向いて、流れに身を任せ、協力し合う感じでした。

私が各人の目標にきちんと向き合い、心から支えていることが伝染していたのだと思います。

「今日も一日、事故に巻き込まれることなく楽しく活動できますように！」との思いを込めて、毎朝、全員の机をきれいに拭く。トイレ掃除をする。明るい笑顔で各人の名前を呼び、「おはよう」「行ってらっしゃい」「お帰りなさい」と挨拶を交わす。

最終的な結果にフォーカスするのでなく、各人の毎日の小さな変化をしっかり受け止め共有共感していくことで、目に見えない信頼関係が結ばれます。

自転車の補助輪を外したときの「絶対にちゃんと持ってね」というあれです。なかなかうまく乗りこなせなかったときから、少しずつ成長してきている過程を一緒に経験してきているから、最終成果は当たり前にたどり着けると信じ合えている。後は、そのときを待つだけ。

部下が育つためには、期日をつけた目標をしっかり持たせてあげること。そして、達成までの過程を共に歩むこと。達成できたらもちろん手放しで一緒に喜び、達成できなかったとしたらなぜ達成できなかったのかを一緒に振り返ればいいんです。

それだけでも、部下は安心感を覚えて伸び伸びと力を発揮してくれるはずです。

期限つきの目標を設定する、プロセスを伴走する、結果を共に受け止める
それだけでも部下は安心感が得られる

28

部下が下した決定は一旦、丸ごと受け入れる

部下が育たないのは上司のせいかもしれない

あなたに相談することなく部下が判断し行動することも、ときと場合によってはあるものです。そんなとき、「勝手に判断しやがって」と腹を立てる人、「ああ、助かった」と肯定的に捉える人、いろいろなタイプの人がいます。

あなたは、どんなふうに思うでしょうか。その決断が正しかったとき、誤りだったとき……。

また、部下の中にも自分で考え迅速に判断する人、何でも聞きにくる人、いろいろ

な人がいると思います。

「いつでも何でも聞いてきて、どうしましょうが口癖の部下」

「ここ一番というときに必ず出先から電話を掛けてきて指示を仰いでくる部下」

「生意気なことを言っていても最終的には上司の言いなりになっている部下」

「騒いで、暴れて、責任を取らずに、現実逃避してしまう部下」

いろいろな人がいますが、どうしてもあなたに指示を仰げず判断をしたとしたら。

それがどんな決断だったとしても、一旦はとりあえず丸ごと受け止めてあげてください。

部下の勇気ある行動に対して上司の口癖が、

「私だったら、こうしたのに、どうしてあなたはそうしたの？」とか、

「きちんと結果まで考えて、本当に検証したの？」とか、

「もっと他の方法があったんじゃないの？」とか、

「バクチだよね。それでうまくいかなかったら、どう責任取るつもりだった？」とか、

「これが、あなたの出した最良の方法？　で、結果はこれ？」とか、

「どうして、もっと早く相談してくれなかったの？」とか、
「一人で考えて行動するのはいいけど、もう少し考えて行動してくれない？」とか、
「とにかく、報連相でしょう？」とかだったりしたら、どうでしょうか？

職場で、部下が育たない原因は、上司の言動にあるのです。
部下に、迅速的確に判断できる思考力と行動力を持ってほしいと願っているのに、行動できないというより、**自発行動させない部下にしていたのは上司の言動です。**かつての私がそうだったのですが……。

私「早く自立して、自発的に行動できるようにならないとね！」
部下「その言葉を信じて行動したら、文句を言われて、何かもうどうでもいいです」
私「そうなの？　そんなこと言った人もあなたの成長を見たいと思っているはずだよ」
部下「えっ？　そう言ったのは……」（新人が私をジッと見ている）
私「私〜？　なの〜？」

このときどんなに恥ずかしかったか、いまでも耳が熱くなります。

それ以降は、まず上司である自分の言動に注意することから気をつけました。

長い間、知らず知らずのうちに身についてしまった私の癖ですが、部下が優しく見守ってくれていたお影で、ずいぶんと改善することができたように思います。

そして、嬉しいことに、上司である私が、苦しみながら成長しようとしている姿を包み隠さず部下に見せていたことが、部下の自立に大きな影響を与えていて、互いに大きく成長できたと思います。

私を上司に育ててくれた部下に、いまでも感謝しています。


部下に育ってもらいたいと思ったら、部下が下した判断を否定しないで、まずはそっくりそのまま受け止めること。言いたいことがあっても、ちょっとがまんしてください。

でも、判断が仮に誤ったものであったと気づいたら、即刻火消しに走ること。

何かがおかしいと感じたら、関係者に即座に謝罪や連絡をすること。

「即刻」「即座」というのがポイントです。さもなければ、ほんの些細なことが大きくなって面倒なことがあなたの身に降りかかってくる可能性もあります。

だからといって、その手間を惜しんだり、そのことで部下を責めてはいけません。

すべてのプロセスを部下と共有し、次に同じようなことが起きたときの学習材料にすればいいのです。

任せたらどんな結果でも受け入れるあなたの姿は、部下も育つし、あなたも著しく成長できるコツと言ってもいいかもしれません。

とにかく部下が自発的に下した判断を頭から否定しない
受け止め、まずいと思ったら即座に事態収拾を

第6章

部下のおかげであなたも育つ

29 がんばりすぎない、見栄・意地を張らない

余計な肩の力は抜く

さて、あなたは、部下からどう見られているでしょう。考えてみたことはありますか。部下やメンバーは、あなたが思う以上にあなたのことを見ているものです。

たいていの人は平日、家で家族と過ごすよりも長い時間を職場で職場の人と過ごしているものです。そんな長時間を共に過ごしている部下やメンバーに対して、カッコつけよう、取り繕おうとしても所詮は無理な相談です。

いくら職場とプライベートは別、と切り替えがうまい人でも限界があるものです。

そこでがんばっても、カッコつけてもムダというもの。カッコつけることも、必要

以上にがんばることもありません。無理をしていたら、いつか破綻してしまいます。ありのまま、等身大の自分でいるようにしたいものです。

私が、人材紹介会社で、求職者の方の面談をしていると、上司に対する部下の不満は大きく分けると以下の４つに集約されました。

・何かと上司が前に出てくる
・指示を出すだけで、上司は具体的な行動をしない
・「だからさ～」と言って、上司が動き、「何でできないの？」と言われる
・無関心。指示もなければ、文句も、責任も取らない

毎回「耳が痛い」と思いながら、大勢の方から話を聴いていくと、以上４点は、新任上司の方に多いということが統計的にわかってきました。

部下からすると「何でそんなに上司ががんばるのか？」ということなのです。

私も上司になる前は、同じことを言っていたような気がします。

「なぜ上司という肩書きがつくと、がんばってしまうの？」
「なぜ、自分が嫌だな、と思っていたことをしているの？」
「なぜ……なぜ……」

私の場合は、「部下に良いところを見せたい」「上司としてカッコよくいたい」というだけでなく、「任命されたのだから、結果を出したい」と思っていたものです。

また、「出来る上司ってどういう人？」という自問自答を繰り返し、いつの間にか、私は私でなく、上司という肩書きに縛られていたように思います。そんな上司と一緒にいたら、重いですよね。

でも、その重さは自分では、気づけないのです。そう一生懸命すぎるから、気づけない。けれど、他人から指摘されると自覚があるだけに、不機嫌になったりして、素直になれない。

ありのままの自分の姿でいい、カッコつけなくてもいいといっても、不機嫌な表情やネガティブな内面をそっくりそのまま顔に出すことは、残念ながら上司のあなたは抑えたほうがいいでしょう。

「もしもムッときたら、トイレに行く」。私も実践していました。「ちょっと失礼」と席を立って、トイレの鏡に映った自分の顔を見てください。個室に入って、冷静に自問自答してください。上司のあなたがしゃしゃり出るより、部下にお願いした方が良くないですか？　あなたの役割はなんでしたっけ？

大きく深呼吸して、自分を取り戻してみてください。

私は、少し後になって、「がんばりすぎたのは、自分の短所を隠そうとしたから」ということに気づきました。

隠さなくなってからは、少しずつ肩の力が抜けて、同時に、部下の笑顔が増えて、「うちのチームは明るいですよ」と部下が他のチームの人に言っているのが聞こえるようになったものです。

がんばりすぎることなく、素直に弱点すらもさらけ出せる人間味のある上司が最強だと、私は思います。

自分を良く見せようとあがいても限界がある

30 挨拶はリーダーから

声のトーンは明るく！

あなたは、声のトーンで、部下の気分を察知していますか？

同じ言葉を投げ掛けていても、返事の声のトーンがいつも違いませんか？

では、あなたの声のトーンは、いかがでしょうか？

いつも変わらずに、部下に元気を与える声のトーンで挨拶していますか？　気にしたことがないとしたら、それはちょっとまずいかもしれません。

先ほどもお伝えしましたが、部下やメンバーはあなたのことをよく観察しています。

声のトーンまで気にしている人も少なくないはずです。

なぜなら、それだけあなたが職場に与える影響力が大きいからです。そのことは、理解しておいてください。

私は、未だに相手（クライアント・友人・家族）の返事のトーンが、とても気になってしまいます。同じ内容のことを話しても返事のトーンで相手の理解度や興味度など、心の入り方が違っているのがわかるからです。

就活女子大生とｓｋｙｐｅコーチングでのことです。

私「こんにちは、○○さん。はじめまして、中沢薫です。よろしくお願いいたします」

クライアント「はい、○○です。先輩から紹介されました。よろしくお願いします」

たったこれだけの挨拶ですが、声のトーンで、場の空気が違ってきます。

少し高めのトーンで「こんにちは」と挨拶を始めたときと、少し低めのトーンで「こんにちは」と挨拶を始めたとき、その後の距離感に歴然たる違いがあることに気がつきました。

声のトーン次第で、これから始まるコーチングが、「楽しそう！」にも「厳しそう」にもなるのです。

相手の感情は、私の「こんにちは」という第一声で決まってしまうのです。

挨拶は、リーダーが率先垂範しましょう、とよく聞くと思いますが、それは、場の空気はリーダーが整えましょう、ということでもあるのです。どんな状況でも、あなたからの挨拶で、部下だけでなく、あなたの周りの空気が安心感に満ちた、居心地の良いものになっていきます。自分から声を掛ければ、その返事次第で、その日の部下の心の調子まで察知することも可能です。一石二鳥の効用があります。

「営業職は、挨拶が命」。営業経験ゼロの私が、住友生命に入社したとき、繰り返し朝礼で言われていたことです。活動前の「こんにちは！　住友生命の中沢です。本日もよろしくお願いいたします」と活動後の「ありがとうございました。失礼いたします」という当たり前の挨拶が、習慣になる頃、私はごく自然に認知されていました。

挨拶とは、教えるものではなく、上司の姿を見て、部下が真似していくものです。「最近の新人は、挨拶もできない人が多い」なんて言っていませんか？

挨拶は、部下からされるのでなく、あなたからしていくものです。

あなたから挨拶し続けていると、いつの間にか、部下からの認知度も高くなっています。特別なことは必要ありません。

あなたが営業職でなかったとしても、上司やお客様、取引先に対しては元気に「こんにちは」と挨拶してきたことでしょう。

部下のことを、お客様、取引先、クライアントだと思えばいいだけです。やってきたことを自信を持って継続していくだけでＯＫ。

たったそれだけで職場の空気が良くなるのなら、こんなに楽なことはありません。

上司になったから、部下を持ったからといって、気張っていたら、いままで評判の良かった挨拶ができなくなって、それを部下が真似して……。

自分で自分を苦しめることになりかねません。ぜひあなたから挨拶をしてください。

明るい声の挨拶、たったこれだけでも職場は変わる

31

相手が喜ぶ感謝の仕方を習得する

口先だけの「ありがとう」は相手に悟られる

あなたは、誰かにどんなふうに感謝されたら嬉しいと思いますか？　人それぞれ違うかもしれませんが、素直な気持ちで感謝されて嬉しいと思わない人はよほどの変わり者なので、ここでは除外して話を進めましょう。

あなたの感謝の表現は、どんな感じですか？

・朝礼で、「ありがとう」を伝える
・個別に食事に誘う
・本人に「ありがとう」と言う

・「サンクス・カード」を定期的に渡す
・「ありがとう」の気持ちをハガキに込めて郵送する

では、あなたが嬉しいと思う感謝の表現は、どれでしょう？

あなたは、あなたがされたら嬉しい感謝の表現を、部下やメンバーにしていますか？

感謝を表現するとは、どういうことでしょうか？

・自分の思いを伝えること？
・相手に自分の喜びを伝えること？
・相手が自分にしてくれたことを受け入れること？

「ありがとうございます」

「とても感謝しています」

「助かりました～」

と言葉で伝える方法もあるでしょうし、微笑み合う、ハグする、無言で心を通わすという形もあるかもしれませんね。


私が住友生命支部長時代、毎年母の日に支部の職員の自宅に鉢植えのカーネーションを送っていました。感謝の気持ちを形にしようと考えての行動でした。

会社で渡さず、母の日にご自宅に送ることで、その社員の家族にも感謝の気持ちを伝えたいと考えたからです。

「あなたのお母さん（または奥さん、娘さん）は、会社で頼りにされていますよ」ということをお知らせしたかったわけです。当人も喜んでくれますが、家族も喜んでくれる、言ってみれば一度で二度美味しい感謝の仕方でした。

家族を味方につけることで、多少仕事がきつくて家事が疎かになったとしても、「会社から頼りにされてるんだから仕方がない」と思ってもらえますし、本人も気兼ねなく思い切り仕事に打ち込むことができるというわけです。

職員本人からの感想は、これまたいろいろで、「支部長、ありがとうございます。子どもが喜んでいました～」「届きました。ありがとうございます」といった具合に素直に喜んでくれる人もいれば、「自宅に送るってどういうことですか?」「上司からのカーネーションに主人が驚いていました」といった変化球、「家族が自分の仕事を少し気に留めてくれるようになり、嬉しかったです」とこちらの思惑どおりだったり等々。

感想を聞くと、一人ひとりの家庭環境やその場の雰囲気や心の状態まで手に取るように感じることができました。その頃から、私のコミュニケーションの仕方も通り一遍でなく、それぞれに対応できるようになっていったように思います。

「ありがとう」という言葉の奥にある思いを感じられるようになるには、自分らしい言葉で、いかに感謝の気持ちを伝えられるかを日々考え、実行し続けることが、とても重要です。

正解はないようにも思います。私もいまだに試行錯誤しています。ただ、大切なのは、つねに意識をしておくことではないしょうか。口先だけの「ありがとう」はすぐにわかってしまうものです。本当の感謝の伝え方、相手が喜ぶ気持ちの伝え方を、試行錯誤し続け「ありがとう」に磨きをかけていってください。

まず、心から感謝をする。そして確実に言葉で伝える

32 部下と一緒に笑う

真剣な中にも笑いは欠かせない

部下が、あなたの前で大笑いをしたことはありますか？

あなたが、部下の前で大笑いをしたことは？

もちろん、仕事の話でなら最高ですが、仕事中の雑談でも構いません。

冷笑や失笑ではなく、素直な気持ちで込み上がってしまう笑いがある職場は人間関係もスムーズなはずです。

もし、両方とも「ない」と思った方、そこはちょっとがんばってみてもいいと思いますよ。

ついでに、あなたの職場にこんな人いませんか？

・プライベートだとよく笑うのに、職場では、あまり笑わない人
・家族の前ではお喋りなのに、外に出ると無口になる人
・カラオケに行くと普段からは想像つかないほど活発に踊り歌う人
・少人数では賑やかだけど、大人数になると大人しくなる人

同じ人が、普段職場で見せる顔とは違う顔。そんな場面に遭遇すると、別な一面をかいま見たようで、ちょっと嬉しくなったりするものです。

営業管理職だった私の使命は、言うまでもなく毎月の売上を上げて、組織の拡大と営業職員の査定・給料のアップをすることでした。前述しましたが生命保険会社は、毎月0からのスタートです。調子の良いときも、悪いときも、一カ月で〆切りになり、3カ月、6カ月、1年という単位で査定を行います。

本社の規定は同じですが、各支部によって支部の雰囲気が、違います。支部長によっ

て、支部のカラーが変わってくるからです。どの支部が良いとか悪いということではありませんが、「空気感」が違うのです。

組織の長として苦しんでいるときに参加した本社研修で、こんな質問をされました。

・毎月の売上目標をどのような環境で、メンバーに伝えているか
・各人のゴールは、どこで、どうなることか、それは、共有できているか
・共有とは、言葉かイメージか
・個人としてのゴールか、組織としてのゴールか
・ゴールに向かって前進しているのは部下。上司がするべきことは何か

即答はできませんでしたが、「私の役割」を少し理解できるように思えました。

誰がなってもいい支部長に、会社が私を任命した。ということは、私の中に私がまだ気づいていない良いところがあったはずです。

そういえば、中学生のときになり手がいなかった、運動会の応援団のクラス代表に

なったことがありました。とにかく明るくて大きな声が出るからと頼まれて引き受けたのと、同じかもしれません。応援団で私がやったことは、厳しくもあり、楽しくもあり、怒ることもあり、許すこともあり、大きな輪の中心でみなとつながることでした。

もっと楽になって、自分が楽しめば、その楽しさは周りにも伝わるものではないかと私は思っています。

がんばりすぎるより、楽しむ。ぜひ、部下と一緒に笑い合える瞬間を増やしていってみてください。仕事の話でも、雑談でもいいので。

もし、あなた自身がムードメーカーになるのが苦手だったとしたら。チーム内にムードメーカーになれそうな人を探して、その人が楽しいムードを発しやすい空気を作ること。それもみなが働きやすい職場作りの一つのアイデアです。

苦しいときこそ、笑うことを意識してみる

33

余計なプライドは持たない

結果がほしいなら、不要なものは捨てる

あなたは部下に「助けて、お願い」と素直に言えますか。言えるのなら、その調子です。一人で抱え込まずに、どんどんお願いしてください。

言えない人、なぜ言えないのか考えたことがありますか？　部下にやってもらうよりも自分でやったほうが早くて正確、自分一人でハンドルできないなんて恥ずかしくて言いたくない……いろいろな理由があるのかもしれません。まず、前者が理由で助けてと言えない人、それは部下を信頼していない証拠です。それでは部下はなかなか育ちません。部下育成がうまくいかなければあなたの評価もなかなか上がりません。

後者が理由で言えない方、プライドが邪魔しているのですね。まるで、かつての私のようです。気持ちはわかりますが、プライドを持って余計なプライドは捨ててしまうに限ります。

「使えないプライドは持たない方がいいので、すぐに捨ててください」。

何の反論もできず、ただ呆然としてしまいました。いま、思い出しても、本当に情けないです。

住友生命に入社して3カ月くらいたったとき、教官から言われた言葉です。「使えないプライドって何？　どういうこと？」という感じで、その意味がわかるまで、半年くらいの時間がかかりました。

私が、住友生命に転職しようと思ったのは、コミュニケーション力を磨きたかったからです。30歳までは、何となく流れに乗り、自分でがんばって欲しいものは手に入れる生き方をしていました。結婚して3年たち、これから、子どもを授かったら、果たしていまの私のままで、子どもを育てていけるのだろうか？　と、とても不安でした。だから、営業未経験であるにもかかわらず営業職員をマネジメントしていくリーダー職を選んだのです。

前職に在職中の転職活動でした。終業後夜間の面接で、「いまのほうが待遇も給与もいいから、転職しないほうがいいですよ」と言われ、驚きました。三次面接まであったと思いますが、そのたびに同じことを言われるのです。私も「多くの人と関わりコミュニケーション力を磨いていきたい」と同じことを答えていました。ここで、決意の真意、転職の本当の理由を探られていたように思います。

ずいぶん後になってから、当時の教官から聞いたのですが、私が転職を考えていた時期の中途入社条件の中に「知ったか振りをしない」「できないことを抱え込まない」人というポイントがあったそうです。

もっと言えば、「申し訳ありませんが、◯◯◯は、存じません」「ごめんなさい。私は、◯◯できませんので、他の方へお願いできますか？」と言えるかどうかもポイントだったそうです。

使えないプライドは捨てろと言われて腑に落ちる前、些細なトラブルは数え切れないくらい体験しました。朝礼で配るべき資料を間違えるとか、配った資料の内容が間違っていたとか、そういうことです。最初は抵抗してカッコつけていたのですが、同じようなことが重なると自分でもどうでもよくなってしまいました。謝って、配布前に資料を誰かにチェックしてもらうほうがはるかにダメージも軽く、仕事が効率的に回ります。

そのとき初めて、「使えないプライドは、役に立たないので捨ててください」と言われた意味がわかったように思います。だから「困ったら、助けを求める」ことができるようになったのだと思います。

あなたもぜひ、大変なときは自力で何とかしようとせず、素直に「お願い、助けて、手伝って」と言ってみてください。部下もあなたの状況がわかるほうが仕事がしやすいものです。一人で黙って抱え込んで、カリカリイライラしていたとしても、「怒りっぽい上司、近寄らないようにしよう」と敬遠されておしまいです。

リーダーになったら使えないプライドはいらない

34 主語を相手にして話す

自分を主語にすることは自分の都合を押しつけること

カウンセリングやコーチングで指導される話法に「自分」を主語にする、というものがあります。

たとえば、誰かが何かをして悲しい気持ちになったとき、「あなたが○○をした」と相手を責めるのではなく「私は、悲しい」と言い換えることで人間関係をスムーズにすることを目的とした話法です。

ここでは、まったく逆の「主語を相手にする」話法をお伝えしたいと思います。

この話法がとくに通用するのは、叱り方がわからないときや、ほめ方がわからないとき、相手が反抗して言うことを聞かずに困るときなどに有効です。

なぜかというと、叱り方がわからないのも、ほめ方がわからないのも、反抗されて困っているのも、全部「あなた」です。

あなたから見ると主語が「自分」になっています。

「私は、叱り方がわからない」
「私は、ほめ方がわからない」
「私は、あなたが言うことを聞いてくれなくて困っている」

お気づきかもしれませんが、すべてあなたにとって都合が悪いだけなのです。

「私（上司）が」主語になっていて、目の前の相手（部下）は主語から外れていませんか？

そうです、あなたは自分の主張を発しているだけなのです。これでは、伝わるはずがありません。

「時間になったら行きなさいね！」これは、亡くなった父が、最後に掛けてくれた言葉です。主語は、父ではなく、目の前にいる娘である私でした。

日本語は主語を省いてしまっても伝わる稀有な言語ですが、正しく言うならば「貴女は、時間になったら行きなさいね！」となりますから、主語は貴女（私）なのです。

自分を主語にしないで、ぜひ相手を主語にして話すようにしてみてください。相手が取った行動を事実として捉えて、それを主語として話をするのです。

たとえば、相手を叱りたいとき。

「あなたは、○○ができなかったね。あなたはいま、どんな気持ちがするだろう。どう考えるだろう」といった具合で話してみてください。

直接的に叱っているわけではないかもしれませんが、かなり厳しい言葉として相手は受け止めるはずです。

これが、主語が自分だと「あなたが○○をできなかったせいで、私は不愉快である」となってしまいます。部下にとって、あなたが愉快であろうが不愉快であろうが、知ったことではありません。

次に、相手をほめたいとき。「あなたは、〇〇をうまくこなしたね」これだけでも十分なのです。自分を主語にすると「あなたが〇〇をうまくこなしてくれて、私は嬉しい」というようになるでしょうか。恋愛関係などではこう言うようにとアドバイスしている本が多くありますが、上司と部下ではちょっと違うかもしれません。こういうふうに上司が言うと「へー、自分の評価が上がるから嬉しいんじゃないの？」とうがった見方をされかねません。

最後に、部下が言うことを聞いてくれずに困ったとき。「あなたは、言うことを聞いてくれないのだね。何か理由があるのだろうか」というふうに声を掛けるだけでいいのです。「あなたが言うことを聞いてくれなくて、私は困っている」と伝えたところ、何の発展性もありません。そんなことになるくらいならば、主語を相手にして話したほうがよほど前向きな話し合いができることでしょう。

話題によっては、相手を主語にすることでとても厳しい話し合いになるかもしれません。逆に、とても優しい言葉掛けになるかもしれません。

部下の顔色を見る必要はまったくありませんが、成長してほしい、動いてほしいと思うならば、せめて相手がどう思っているのかを想像しながら話をしてみるといいでしょう。

主語は「あなた自身」ではなく「相手」。ぜひ試してみてください。

相手を主語にする話法は、ときにとても厳しく聞こえる
相手がとう思うかを十分気にして使ってみる

35

あなたの自立は、部下の自立につながる

部下と上司が共に成長するために

ここでは、「自立」について考えてみたいと思います。
社会人なんだし、自立なんてとっくにしているよ、と思う方も少なくないでしょう。
でも、本当にそうでしょうか？
下記の質問に答えてみてください。

・指示命令を待たずに積極的に先を見た業務遂行ができる
・報連相を怠らず、行動に責任を持てる

・人の意見を聴き、取り入れるべきところを取り入れ大人の対応ができる
・時間・約束を守る
・嘘をつかない
・経済的に安定している
・言い訳をしない
・言動や立ち居振る舞いがキリリとしていること

いかですか?

お恥ずかしいですが、私は、自分の行動に責任を持って日々奮闘しており、自立していると自負していますが、全部にいつもＹＥＳと答えられるとは、断言できません。


私事で恐縮ですが、独立して約7年。ビジネスコーチとしてのコーチング歴は、住友生命支部長時代も入れて、約21年以上になります。

一般的に「コーチング」とは、環境が整えば、またはその場が与えられれば、本来

持っている人間の能力は発揮できるという考えのもと、その能力を開発・開花させることです。

私の役割である「コーチ」とは、そういう場を提供したり、能力の開発・開花のお手伝いをすることです。コーチングをする方は世間にもたくさんいらっしゃると思いますが、私の特徴は「生きる力」の開発・開花を社会・組織を通してお手伝いさせていただく点にあると考えています。

私が住友生命を辞めてコーチングを生業として独立を決意したきっかけは、母とのやりとりにありました。

「ママは、薫の思っているようなママじゃないからね……」と、母と初めて行った二人旅で突然、母がつぶやいたのです。

最初は意味がよくわからなかったのですが、母は私に親離れを促しているのかと考えました。精神的に自立しなさいと遠回しに言ってくれたのだと思います。

それまでは、私目線で、私が楽しければ、母も楽しいはずと思っていましたが、きちんと母と向き合うことに努めました。

実際に母と話し合ったわけではありませんが、私の考えと母の考えを重ね合わせて重なる所を自分自身で探すということ。最終的に「私は、本当の母を知らない（母の本当の思いを知らない）」ということを認めざるを得ませんでした。

大好きなのと依存は違います。

本当の意味で自立して自分の足で生きていくには、客観的に自分を観察する視点が欠かせません。突き放されてわかることがあるのです。いまは、そう考えることにして母の発言に感謝しています。

「上司」や「リーダー」は、部下やメンバーが生きる力を開発・開花し、生き生きと輝く目を持って、失敗を恐れず積極的な行動ができる大人になるために存在するのではないでしょうか。

上司であるあなたが、苦しみ成長しているときこそ、部下の生きる力も伸ばされているのです。

誰だって苦しいのは嫌なものです。避けてとおれるならば、避けてとおりたいですよね。

でも、その先に、あなた自身の成長や独立、大事な部下の成長や独立があると思って、何とか踏ん張ってみてくださいね。

必ず、あなたの踏ん張りを見ていてくれる人もいますし、もしいなかったとしても、あなた自身の誇りとなって永遠に残り続けるはずです。

上司やリーダーは、部下・メンバーが自立して歩けるためにいるようなもの

あなたが苦しい思いをしているとき、部下もあなたも力が養われている

36

自分も周りも幸せに

部下の成長を心から喜べるようになる「原田メソッド」

部下が幸せでいられるとき、あなたが幸せに感じることに思いを巡らせてみてください。

ここでは、第4章でも紹介した「原田メソッド」についてもう少しくわしくお伝えしたいと思います。

私がこのメソッドを凄いと思っているのは、自分自身の目標が達成できるのはもちろんですが、部下やメンバーの目標も達成させることができ、さらにそれが自分自身の喜びとなって感じることができる点です。

上司部下という関係でも、プレイングマネジャーであれば、部下が自分よりも大きな目標をクリアしたら多少面白くない気持ちになるのが人という生き物です。

ところが、原田メソッドを用いることで、そんなちっぽけなことがまったく気にならなくなり、心の底から部下の成功を嬉しく思えるようになるのです。

私が原田メソッドに出会ったのは住友生命の社外研修時でした。メソッドの一つに「長期目的目標設定用紙」というものがあります。簡単に言うと、「成功は技術である」という思考のもと、生活習慣を変えて、成功を技術として掴んでいくというものです。

中学校の教師だった原田隆史先生のメソッドで、いまでは、経営者や大手企業研修に取り入れられています。いま現在の私の基盤にもなっているのですが「長期目的目標設定用紙」を記入し、毎日の生活を習慣化していくことで本当に決めた成功が手に入るのです。

ポイントは、ただ一つ、率先垂範し継続すること。それだけです。

その中でも、私が一番重要だと感じ、時間をとっているのが、第4章でもお伝えした「4観点」です。

具体的には、手に入れたい結果を「4観点」（①自己有形）、（②自己無形）、（③社会・他者有形）、（④社会・他者無形）で情感・情動を交えて喜びをイメージして記入していきます。

たとえば、「3カ月で査定をクリアし、給料をアップする」という目標を持ったとしましょう。

「4観点思考」で考えると、以下のようになります。

①（自己有形）
・月給が、5万円アップして、たまには優雅な豪華ランチを楽しむ
・習いたかった英会話教室に通い、楽しい仲間が増えて刺激的な時間を過ごす

②（自己無形）

・チームリーダーとして、大きな自信がつき、毎日の活動に意欲が湧く
・英語で道を聞かれても、しっかりと対応できて、プライベートに自信がもてる

③（社会・他者有形）
・家族との外食が増えて、毎日の会話も笑顔も多くなる
・地元商店街の通訳をして、少しずつ売上アップにつながり活気が出てきた

④（社会・他者無形）
・会社からチーム全体への評価が上がり、昇格につながったことでチームの士気が高まった
・家族旅行で、英会話力を発揮して、ツアーでは行けない所に行って家族で大いに楽しむ

各項目で10個以上、合計40個以上書き出してみてください。書き出す数が多いほど、行動計画が具体的になり、実行継続しやすくなるのです。

「自分の喜び」と「誰かの役に立てる喜び」の両方を持って私は「利他」としています。

「どうでもいいけど、自分も損しないようにね」と主人に言われたことがあります。

「利他」ということや「ホスピタリティー」ということに縛られ、自分を犠牲にすると、自分が苦しいだけで、結果的には自分も周りも幸せにすることはできません。


あなた自身の幸せを優先するのは当然です。

同時に、部下の幸せも同じくらい大事にしてみてください。自己満足と言われてしまうかもしれませんが、それでもいいのです。続けるうちに、何かが必ず変わってきます。

あなたが見えるものが変わってくるかもしれないですし、周囲の人が変わってくるかもしれません。

とにかく、いい方向にしか変わりませんから安心して実行してみてください。


自分だけがいい思いをしてもつまらない。せっかくならば、みなでいい思いを

37 結果はプロセスも含めすべて受け入れる

失敗や後悔を背負って前進する

「大切な人をハッピーにすること」。とても素敵なことです。ですが、私自身、そう思うことが、かなり難しいときもあります。そんなとき、私が、いつも読み返しているメッセージがあります。

困難を乗り越え
不安や恐怖に立ち向かう力
たくわえること怠らず

自らの悪しき面からも
自らを背けることなき冷静さと
勇気を忘れず

内に対しては厳しく　正直に
しかし　外に向かっては
どんなものにも太陽のような
開かれた温かい心を持って接する

人の悲しみを　我が悲しみとし
人のしあわせを　我がしあわせとする

それこそが
我が求めたる　正しき心の姿なり

石井裕之

８年程前、私がアテンドして飲食業界へ中途採用で入社いただいた方が、出社できない状態になったことがありました。連絡も取れず、心配がつのり、いま思い出してもドキドキします。少し時間はかかりましたが、解決することができました。ただ、私には大きな反省と後悔がいつまでも残り、苦しい気持ちで業務に就いていました。

そんなときに石井裕之さんとお話しする機会がありました。

「とても苦しいことがあり、後悔の思いが消えません。どうしたら、後悔なくこの先の人生を歩んでいけるようになりますか？」と質問させていただきました。

少し間があり、

「苦しい状況になってしまったかもしれないけど、そのときは、最善を尽くしたのでしょう？　であれば、起こった結果を受け入れる勇気を中沢さんが持たなければいけませんね。人間ですから、起こったことすべてに後悔がないということはあり得ません。真剣に考え、目の前の方の幸せに向かって行動したのですから、結果で右往左往するのでなく、結果を受け入れましょう。万が一、後悔や懺悔の気持ちがあるのであれば、それは中沢さんが背負っていかなくては、中沢さんが前進できませんよ。ただ、同じ後悔を繰り返さないよう、その思いを背負いながら、中沢さんが自己成長していってください。悩みすぎないで、これからも、貴女は貴女のままでいいのです」

と声を掛けていただきました。成功しようが失敗しようが、真剣に向き合った結果です。たとえ失敗に終わって後悔しても、結果の善し悪しとは関係なく、そこに至ったプロセスと結果を受け入れ、後悔を背負ってでも前進することが大切である……ということです。もちろん、いまでも大いに迷い苦しみます。ですが、「自分らしく向き合い、起こった結果は、背負って前進する」と決めてから、悩みや苦しみの重みが段々軽くなり、楽になっています。

自分で決めた道を進んだなら、どんな結果になろうとも後悔しないで、丸ごと受け入れてしまってください。起きたことは変わりません。だったら、前を向いて進んで行ったほうがいいじゃないですか？

結果だけにフォーカスしないで、結果に至るプロセスそのものを大切にすることで迷いが薄れるものです。

起きたことは変えられないから、全部受け止めて前に進む

おわりに

「リーダーとはどうあるべきか?」

「真のリーダーとは?」

いまから24年前、住友生命に転職した30歳の頃から、私はずっと考えていました。

当時の私のリーダー像は、「個人としても成績優秀で、仲間からの人望も篤く、上司からも信頼され、部下からも慕われている」という超スーパーな人でした。

いま考えても、世の中に存在しないのではないか、と思うほどの完璧な人です。

自分の理想に近づこうと、とにかく必死にがんばっていたとき、フッとした瞬間に「私は何のためにどうしたいのか?」「誰のためにがんばっているのか?」「本当の自分ってどうだったか?」と疑問というか、不安が襲ってきたことがありました。

自分とは? リーダーとは? 理想とは? これが本当にしたかったことなのか?

葛藤しながら日々の職務を全うしていました。

その間、ジョセフ・マーフィー、ナポレオン・ヒル、原田隆史、神田昌典、石井裕之、大前研一、稲盛和夫、松下幸之助、天外伺朗、高橋政史（敬称略）等々、目標設定、自己実現、マネジメント、組織マネジメントに関する書籍に出会い読みふけり、セミナーに参加し、思考を文字化しながら自分なりの理想のリーダー探しをしていました。

ですが、答えは、実践の中にあったような気がします。

悩んで苦しみ、でも止まることなく前進し続け、多くの失敗をしながら感覚で学び、大人の恥をかき続けたことで、人の痛みがわかるようになってきたと思います。

そして、一番強く感じたのは「部下に対する感謝」でした。

当たり前ですが、部下がいなければ、上司・リーダーは不要です。

けれど、目の前に部下がいる。ならば、部下が働きやすい環境を作っていけばいいのではないか。でも、環境だけ作っても仕方ない。せっかくなら部下に感謝しながら、部下が活動しやすい環境を作る努力をしてみよう、と思えるようになったのです。

「部下に感謝し支えていくリーダーになりたい」

いままで、理想として追い求めてきたリーダー像とは程遠いですが、だんだん自分自身の葛藤がなくなっていきました。

こういったリーダーシップのスタイルは、いまでは「サーバント・リーダーシップ」

と呼ばれ重要視されているようです。

ですが私がリーダーになった当時は、リーダーにはチームを引っ張るカリスマ性を求められていましたから、かなり異色だったことでしょう。

ですが、私もチームを引っ張ることにがんばりすぎていた頃より、部下に感謝し、環境作りをするための思考と行動にシフトチェンジしてからの方が、チームとしての成果が大きくなっていき、より各人の長所を伸ばすことに注力していくことができました。

もちろん自分自身を取り戻すこともできました。

「リーダーとはどうあるべきか？」

「真のリーダーとは？」

未だ結論に達していませんが、少なくとも、「部下を引っ張り続けることがリーダーの役割ではない」ということは、経験を通して実感しています。

そして、同じように葛藤しながらも、がんばりすぎているリーダーのあなたにお伝えしたいと強く思いました。

「リーダー」という役割は、会社や部下のためだけにあるのではなく、任命された「あなた」自身が成長していける場でもあると思います。多くのリーダーに、自己成長のためにも、がんばりすぎずに、気持ちを楽にして、リーダーを楽しんでいただきたいという願いを、この本に込めました。

本書が、一人でも多くの方に渡り、「案外リーダーって、楽しい！」「チームマネジメントって、面白い！」というリーダーが増えて、何よりリーダーである「あなた」に輝いていただきたいと心から願っております。

最後になりましたが、私に営業の苦しさと楽しさ、リーダーとは何かを叩き込んでくださいました住友生命でご縁をいただいたみなさま、お世話になった上司のみなさま、その間もいまも私の自己成長の指針を示してくださっている恩師のみなさま、いつも見守ってくれている私の大切な家族、そして、本書を最後まで読んでくださったあなたに心より感謝申し上げます。

誰にも相談できない、そんなお困りごとがございましたら、どうぞご連絡ください。私の経験から、お役に立てることがありましたら嬉しいです。

著者

著者紹介

中沢　薫(なかざわ・かおる)

チームマネジメント「Office K」代表。チームマネジメント・コーチ。

1962年、東京都生まれ。十文字学園女子短期大学文学部国文学科卒業。加除式の法規集、例規集、判例集等の版を手がける「ぎょうせい」入社。毎日、内閣府より刊行される官報の改正や法務省との関わりの中で編集作業に携わる。

結婚後、30歳で住友生命管理職養成部に入社。トレーナーとして営業職員の教育、拠点作りに従事し14年間で約3000名以上を指導。茨城県取手の拠点支部長として5年間采配を振る。チームメンバーの声なき声にも耳を傾け、「関わるみんなを幸せにする!」という理念のもと、働くチームが成果を出せる環境づくりを目指した。離職した現在でも育成したスタッフには現職者もおり、住友生命で携わった売上は2兆8000億円にのぼり、現在も更新している。

その後、44歳で人材紹介会社にヘッドハンターとして転職。延べ1600名以上の求職者にヒアリングを実施。通常では関与しない履歴書作成・面談練習・コーチングなど求職者の人間力を最大限に引き出すマネジメントを実践。中途採用をしていない企業や放送局に人材を紹介し数々の転職を成功させ、多様な環境の人(求職者・求人者)に関わる中で人間力・コミュニケーション能力の重要性を確信。

09年に人財総合会社・OfficeKを設立して独立。独立後は、1業態1社体制を貫きコンサルティングを実施。とくに管理職研修に関して評価が高く、口コミですべての依頼がくる。昨今は、長年の組織人としての経験を活かした企業内管理職研修・新人研修だけでなく、企業人(起業人)の自立型感動人間としての生き方指導など、「人生は営業である」をモットーに幅広く活動している。

Office K　ホームページ:http://www.office-k.ne.jp
連絡先:Office.k@shore.ocn.ne.jp

初めてリーダーになったあなたへ

2016年6月23日　　第1刷発行
2016年7月 5日　　第2刷発行
著　　者　　中沢　薫
発 行 者　　八谷智範
発 行 所　　株式会社すばる舎リンケージ
〒170-0013
東京都豊島区東池袋3-9-7　東池袋織本ビル1階
TEL 03-6907-7827　　FAX 03-6907-7877
http://www.subarusya-linkage.jp/

発 売 元　　株式会社すばる舎
〒170-0013　東京都豊島区東池袋3-9-7
東池袋織本ビル
TEL 03-3981-8651(代表)03-3981-0767(営業部直通)
振替 00140-7-116563
http://www.subarusya.jp/

印　　刷　　ベクトル印刷株式会社

落丁・乱丁本はお取り替えいたします。

ISBN978-4-7991-0465-1